¿QUÉ HAGO CON UN DISCAPACI

atiéndelo

Cuál es su condición y cómo tratarla

Cecilia Rosales Vega

EL LIBRO MUERE CUANDO LO FOTOCOPIAN

Título de la obra: *¿Qué hago con un niño con discapacidad? Atiéndelo. Cuál es su condición y cómo tratarla*

COORDINACIÓN EDITORIAL: Gilda Moreno Manzur
DISEÑO: Ivette Ordóñez Peláez
ILUSTRACIONES: Pilar Ramírez Ruíz
DISEÑO DE PORTADA: Pilar Ramírez Ruíz
                       Victor Gally
COLABORACIÓN: Marilú Cisneros Vargas

Si deseas encontrar el lugar adecuado para atender a un niño con discapacidad, puedes ponerte en contacto con: discapacitarte@prodigy.net.mx

© 2015 Editorial Pax México, Librería Carlos Cesarman, S.A.
        Av. Cuauhtémoc 1430
        Col. Santa Cruz Atoyac
        México DF 03310
        Tel. 5605 7677
        Fax 5605 7600
        www.editorialpax.com

Primera edición
ISBN 978-607-9346-65-2
Reservados todos los derechos
Impreso en México / *Printed in Mexico*

Índice

Para Elisa

¿Quién eres tú?,
tan diferente y tan igual,
me provoca temor tu pequeño cuerpo
lleno de fuerza y debilidad.

Permíteme abrazarte y a la vez soltarte,
te llevo tan dentro de mí
en un lugar desconocido,
en un espacio que no existía
lleno de ternura después del dolor.

Un sueño que no había soñado,
un sueño suave y tranquilo
en medio de la turbulencia.

Me quedo sin palabras,
te hablo poco,
prefiero que digas tú.

Te escucho, siempre te escucho
aun en el silencio.

Mayo de 2002 (escrito unos días después
de que nació Elisa)

Agradecimientos

Con agradecimiento especial para los abuelos, los tíos, los primos y los amigos de Elisa, así como para los médicos, terapeutas, maestros y quienes nos han apoyado para cuidarla con su disposición, afecto y conocimientos.

Este libro no hubiera sido posible sin el interés y apoyo que nos han dado una serie de profesionistas y amigos, entre los que se encuentran el doctor Jaime Andrade, doctora Mercedes Barragán, nutriólogo Marilú Festlinger, doctor Jean Pierre Gardent, fisioterapeuta Mercedes Pérez y fisioterapeuta Eduardo Olvera, doctora Lourdes Ortiz.

También quiero agradecer a las familias que facilitaron sus fotografías personales y sus anécdotas para realizar este libro, especialmente a Norma Acosta y su Fundación Amigos Caleidoscopio, A.C. que proporcionó su colección de fotografías para ilustrar los capítulos.

Con agradecimiento especial para mi amiga Ana Cecilia Terrazas, por haber tenido la idea de que se hicieran estos libros que han sido el inicio de una serie de trabajos relacionados con el tema de la discapacidad, así como a Gerardo Gally, quien se interesó en editar esta colección, por su confianza y paciencia durante todo el tiempo de elaboración de este trabajo.

A Tere Nava, quien me abrió los ojos para poder mirar a la discapacidad desde otra perspectiva; a Pili Ramírez, quien me ha acompañado en la elaboración de las ilustraciones de este libro poniendo en imágenes lo que me imagino, y a María Angélica Núñez, quien hace crecer mi trabajo en relación con la discapacidad. Agradezco el tiempo, la amistad y el compromiso solidario de Marilú Cisneros para elaborar estos libros. En memoria de Marcelo Pasternac.

*Yo soy el niño que tiene una discapacidad. Si me lo permites
te enseñaré lo que de verdad es importante en la vida.*

Autor anónimo

La discapacidad es esa condición humana que disminuye o limita la posibilidad de ver, hablar, escuchar, moverse, comprender, aprender. Es la condición que en ocasiones impide realizar algunas actividades, que nos detiene para mirarla cuando pasa a nuestro lado, pero que una vez que desaparece de nuestra vista, vuelve a parecernos muy lejana otra vez.

Casi siempre creemos que la discapacidad nunca aparecerá en nuestra vida, pensamos que esos son problemas o tragedias que ocurren 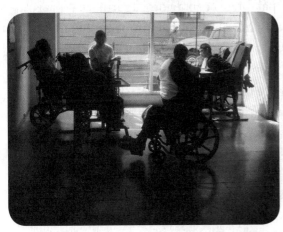 en otros lugares o en familias extrañas con las que nada tenemos que ver. Sin embargo, esto no es así, la discapacidad suele estar muy cerca, en una casa vecina, en nuestra propia familia, en nosotros mismos. Lo que ocurre es que no se le quiere ver, no se le quiere tener presente, aunque estemos advertidos de que puede surgir en cualquier momento de la vida por diversos motivos como enfermedades, accidentes o incluso, por la vejez.

No puede negarse que la presencia de la discapacidad ocasiona desconcierto en quien la vive de cerca, y que a veces esta condición obliga a atender situaciones que no se sabe cómo enfrentar y son difíciles de sobrellevar. No obstante, si lo permitimos, la discapacidad puede también poco a poco enseñarnos, transformarnos y sorprendernos al mostrarnos que lo que se consideraba imposible es posible o, simplemente, al obligarnos a ver la vida de un modo diferente.

La discapacidad es una circunstancia que algunas personas viven en su propio cuerpo o experimentan muy cerca, por ejemplo, cuando se tiene un hijo con esa condición y cada individuo tendrá la posibilidad de decidir cómo va a continuar con su vida, incluso en los casos más complicados.

La discapacidad provoca situaciones que despiertan sentimientos muy intensos en las personas y quienes viven con ella tendrán la oportunidad de conocer a la vez lo más sensible y lo más duro de la condición humana, así como el significado de las palabras aceptación, apariencia, paciencia, ternura, rechazo, impotencia, persistencia y muchas otras que les permitirán saber un poco más de lo que estamos hechos como seres humanos.

En este libro se hace una invitación para asomarse a conocer más de cerca la experiencia de la discapacidad, para intentar imaginar lo que es vivir con una condición que dificulta utilizar nuestros sentidos y nuestro cuerpo como estamos acostumbrados a hacerlo, que nos enseña a realizar nuestras actividades cotidianas de diferente manera y nos obliga a esforzarnos más para hacer lo mismo.

Quienes vivimos con un niño con discapacidad, nos hemos acercado a ese mundo que antes nos parecía tan lejano, para asomarnos a ver lo que no habíamos visto, para escuchar lo que no habíamos oído, para decir lo que no habíamos dicho, para pensar en lo que no habíamos pensado, para movernos hacia donde no nos habíamos dirigido y para encontrar las alternativas que nos permitan acompañar a nuestro niño en su vida y quizás en ese camino descubrir otras perspectivas para nuestra propia existencia.

Para entender algo de la discapacidad, habrá que asomarse primero a ese mundo que provoca tanto miedo, de modo que logremos conocerlo y después sumergirnos en él; entonces, una vez que se está adentro, desde ese lugar, será inevitable ver la vida de otra manera.

TIPOS DE DISCAPACIDAD

La discapacidad se manifiesta tanto en los niños como en las personas adultas de diversas maneras y recibe diferentes nombres dependiendo del sentido o de la parte del organismo en la que se presenta alguna alteración o daño.

De manera general, existen los siguientes tipos de discapacidad: discapacidad auditiva, discapacidad visual, discapacidad motriz y discapacidad intelectual.

También se encuentran las que llamaremos "las otras discapacidades", que son aquellas ocasionadas por alteraciones genéticas, problemas neurológicos u otras causas, que dificultan su clasificación, debido a que se manifiestan con un conjunto de síntomas al mismo tiempo.

En algunos casos se presentará más de una discapacidad a la vez en una misma persona, lo que ocasionará la aparición de diversas dificultades que requerirán los apoyos humanos y técnicos adecuados para que logre desempeñarse en la vida de la mejor manera posible debido a su condición. Tal situación se conoce con los términos de discapacidad múltiple, discapacidad doble o pluridiscapacidad, lo que significa que las personas con esta condición pueden, por ejemplo, mostrar a la vez alteraciones tanto en la vista como en el oído o en el sistema motor, así como en la capacidad de comprensión y de expresión.

En estos casos será necesario trabajar lo más pronto posible en la rehabilitación de las áreas que se encuentren afectadas y, al mismo tiempo, estimular con constancia los sentidos que sí funcionan adecuadamente, para que de esta forma sea posible compensar algunas de las funciones del cuerpo que no se pueden realizar.

Para esto, deberá contarse con el apoyo de varios especialistas preparados para atender a los niños con esta condición, así como orientar a las familias acerca de la manera en que debe tratar a estos pequeños y de las adecuaciones que tendrán que realizarse en su entorno para ayudarlos a desarrollarse.

Existen diversos síndromes o lesiones del sistema nervioso que ocasionan una multidiscapacidad en un niño, situación que en un principio resulta sumamente compleja de atender para los padres o para quienes cuidan al menor, debido a que no es fácil establecer la comunicación con él. Sin embargo, poco a poco, en la medida en que se pueda descubrir la manera de relacionarse con ese niño en particular y en que se logre establecer un programa de atención que le ayudará a desarrollarse mejor, las dificultades en este sentido también disminuirán.

En estos casos, será muy importante formar una red de apoyo con familiares, amigos y personal especializado que estén dispuestos a trabajar con un niño con esta condición, para distribuir los cuidados y la atención que se requiere y disminuir así el trabajo que esto implica. Lo anterior permitirá que las personas que cuidan al niño, al no sentirse tan agobiadas, tengan más posibilidades de relacionarse con él por medio de situaciones placenteras como el juego y la convivencia.

Cabe tomar en cuenta que la discapacidad no sólo se encuentra en las personas que la presentan, sino también en la sociedad que promueve o limita su integración. En este sentido, será en la medida en que los niños con discapacidad sean incluidos, que disminuirán las dificultades y los obstáculos que surgen en su vida cotidiana y que aumentará su participación activa dentro de la sociedad a la que pertenecen.

Todas las personas presentamos diversas alteraciones en nuestro cuerpo, las cuales nos dificultan realizar algunas actividades cotidianas, sólo que a veces estas discapacidades no son tan evidentes para los demás y comúnmente pasan inadvertidas.

En diferentes momentos de la vida cualquier persona puede presentar también la discapacidad de manera temporal. Por ejemplo, cuando se padece una enfermedad, cuando alguien requiere ser sometido a una intervención quirúrgica, cuando se sufre alguna fractura, no es posible llevar a cabo las actividades que normalmente realizamos sin dificultad. No obstante, en tales casos, una vez que transcurre el tiempo, estas personas recuperan sus funciones y vuelven a adquirir las capacidades necesarias para reanudar sus actividades.

Se debe tener siempre en cuenta que desde la infancia, cada persona manifestará su discapacidad de diferente manera y que ésta alcanzará también diversos grados en cada caso, es decir, en cada condición particular se tendrá mayor o menor dificultad para realizar ciertas actividades.

Para llegar a conocer el grado de desarrollo y las dificultades que experimentará un niño con discapacidad, será necesario tener paciencia para esperar que transcurra el tiempo, ya que en la medida en que crezca, se podrán conocer con mayor claridad tanto sus dificultades como sus capacidades.

Sin embargo, durante ese periodo de espera es fundamental continuar trabajando intensamente con el niño en sus terapias, tratamientos especiales y en la vida cotidiana, para de esta manera favorecer lo más posible la conexión de las neuronas y estimular el desarrollo de sus sentidos.

Durante los primeros años de vida existe en los niños lo que se conoce con el término de plasticidad cerebral, el cual se refiere a la capacidad que posee el sistema nervioso de regenerar o de establecer nuevas conexiones neuronales que se encuentran alteradas por diversas causas. Por lo tanto, se debe aprovechar al máximo este periodo para favorecer el desarrollo del niño con discapacidad.

Hay que tener siempre en mente que los niños con discapacidad, antes que nada, son niños y que para poder crecer requerirán del cuidado, el apoyo, la paciencia y, sobre todo, el cariño de sus padres, familiares, terapeutas y maestros.

Los niños con esta condición necesitan jugar, aprender muchas cosas, alimentarse adecuadamente, establecer contacto con diferentes personas, convivir con pequeños de su misma edad, conocer diferentes lugares y realizar actividades recreativas. En cada caso, habrá que realizar las adaptaciones necesarias para lograr que el niño cuente con los espacios y oportunidades que le permitan desarrollarse.

Asimismo, es fundamental mantener expectativas para los niños con discapacidad, pues éstas promoverán que logren un mejor desarrollo y que tengan la oportunidad de crecer.

A continuación, se describirán en detalle los diferentes tipos de discapacidad y se explicará cómo se recomienda atender a los niños con estas condiciones en los diferentes aspectos que conforman el desarrollo infantil.

Discapacidad auditiva

El término *discapacidad auditiva* se refiere a la pérdida total o parcial de la audición que se manifiesta en una persona.

Esta condición es también conocida como sordera o hipoacusia.

El aparato auditivo, el cual está constituido por diversas estructuras que se conectan con el cerebro, proporciona al ser humano uno de los medios más importantes para establecer la comunicación personal, social y cultural.

Por lo anterior, las afecciones que alteran su funcionamiento normal y producen diversos grados de sordera, influyen considerablemente en las relaciones interpersonales y afectivas de las personas con esta condición, dificultando su participación e integración en el medio en que viven.

La audición es la vía habitual para adquirir el lenguaje, uno de los más importantes atributos humanos, dado que es por medio de éste que los seres humanos se pueden comunicar a distancia y a través del tiempo. También es mediante el lenguaje que los niños adquieren información de todo tipo, desarrollan su pensamiento y se conocen a sí mismos.

El aparato auditivo permite que los niños comiencen a conocer su medio y a relacionarse con las demás personas a través de un proceso complejo durante el cual se escuchan varias veces los sonidos que poco a poco van tomando un significado.

Cuando se oye un sonido, el cerebro tiene la función de interpretar un patrón de vibraciones originado en algún lugar cercano. Estas vibraciones, que conocemos como sonido, son parecidas a las ondas circulares que se forman al tirar una piedra al agua. Las ondas sonoras tienen un tono, frecuencia e intensidad. Este proceso se asemeja a lo que ocurre cuando escuchamos música y percibimos en la melodía tanto los sonidos graves como los agudos con diferentes ritmos y fuerza.

Los seres humanos somos capaces de oír frecuencias que van desde los 20 hasta los 20 mil ciclos por segundo y de percibir una amplia gama de intensidades de cero a más de 100 decibeles.

En los casos en los que en una persona surge una discapacidad auditiva, esta función se encuentra alterada o bloqueada por completo, lo que ocasiona dificultades, distorsiones o imposibilidad para escuchar.

Se considera que alrededor de un niño por cada mil que nacen tiene este tipo de discapacidad y algunos casos más se suman a esta estadística durante los primeros años de la infancia por diversas causas adquiridas, como pueden ser enfermedades y accidentes.

Esta cifra nos indica que son muchos los niños con discapacidad auditiva que requieren ser atendidos en forma adecuada para lograr desarrollar sus capacidades lo mejor posible, integrarse a su entorno y ser independientes.

La discapacidad auditiva ocasiona en algunos casos la imposibilidad de escuchar los sonidos y en otros, cuando la persona conserva algunos restos auditivos, produce dificultad para tener una percepción correcta del sonido y de los ruidos cercanos.

Vale la pena detenerse aquí para hacer una diferenciación entre los términos *oír* y *escuchar*. El primero se refiere a la capacidad para percibir los sonidos con el aparato auditivo y el segundo nos remite a la capacidad de comprensión que tiene una persona en lo que respecta a los diversos sonidos que se producen.

Hay niños que presentan alguna de estas alteraciones o ambas, por lo que, según sus dificultades específicas, se buscará la mejor manera de atenderlos, teniendo siempre como objetivo que los pequeños con discapacidad auditiva adquieran la capacidad de escuchar, esto es, de poder interpretar los sonidos, aun cuando no puedan oír.

Durante largos años se utilizó el término *sordomudo* para referirse a las personas con discapacidad auditiva, ya que en el pasado, cuando un niño no escuchaba, no aprendía a hablar. Esto ocasionaba que en muchos casos se le considerara y se le tratara como si no pudiera razonar, como si tuviera un retraso mental o una alteración psíquica, porque no lograba establecer una comunicación con los demás y quizá tampoco consigo mismo.

No obstante, este mito ha disminuido bastante desde hace tiempo, en la medida en que se han establecido alternativas de comunicación para las personas con discapacidad auditiva, que les permiten aprender mediante estos sistemas desde las primeras etapas de la infancia, con la finalidad de desarrollarse de la mejor manera posible.

Algunas personas muestran sólo dificultades para hablar debido a que sufren daños en las cuerdas vocales, alteraciones en la cavidad oral o en la lengua. En estos casos los terapeutas de lenguaje apoyan desde la infancia a mejorar los movimientos de la boca y enseñan algunas alternativas de comunicación que utilizan los sordos.

Las personas con discapacidad auditiva en realidad pueden hacer lo mismo que cualquier otra que no tenga esta discapacidad, esto es, desplazarse, orientarse, estudiar, trabajar, establecer relaciones con los demás, siempre y cuando reciban la atención adecuada desde pequeños para poder aprender cómo comunicarse.

En estos casos es sumamente importante que también las personas que se encuentran en su entorno, sobre todo su familia, sus maestros y compañeros, aprendan a comunicarse mediante el lenguaje de señas, la lectura labiofacial, los sistemas de comunicación oral, la escritura y las demás técnicas utilizadas para este fin.

En los últimos años, se ha propuesto que sería muy benéfico que todas las personas aprendiéramos a comunicarnos mediante el lenguaje de señas, pues de esta manera se rompería el único obstáculo que existe para comunicarse con quienes tienen esta condición.

Así se eliminaría también el mito de que los sordos no hablan, puesto que ellos sí tienen esta capacidad de expresión, pero hablan con otro idioma, de otra manera.

La sordera es una discapacidad invisible, pues no se percibe con sólo mirar a la persona que la presenta. Con seguridad nos hemos cruzado con muchas personas con sordera en la vida cotidiana, pero no nos hemos percatado de esto porque tal condición no se ve.

Lo anterior tiene la ventaja de que, al no ser evidente, la persona en cuestión no se siente observada por los demás como ocurre con otros tipos de discapacidad. Sin embargo, cuando intenta acercarse a otras personas, casi siempre se encuentra con una barrera, debido a la imposibilidad de establecer una comunicación adecuada y completa con los demás.

Por esto, se ha creado un mito respecto a que las personas sordas no tienen buen carácter, que sólo quieren convivir con quienes presenten su misma condición, etcétera. Lo que sí suele ocurrir es que son muy pocos quienes pueden tratar y tener acceso a una persona que vive en esta situación para conocer su mundo interno.

Muchas veces ocurre que los niños con discapacidad auditiva no son diagnosticados durante sus primeros meses de vida, pues es difícil darse cuenta de que no oyen cuando son muy pequeños y esta situación no les permite desarrollar sus demás capacidades al no poder establecerse una comunicación eficaz con ellos.

Para evitar que esto suceda, es imprescindible vigilar las reacciones de los niños a los estímulos auditivos desde pequeños, por ejemplo observar si mira hacia los objetos cuando suenan, si responde cuando se le llama, etcétera, así como pedir una valoración pediátrica para precisar un diagnóstico auditivo. La razón es que cuando los niños no escuchan y se intenta estimularlos con sonidos se pierde un tiempo muy valioso que puede usarse para apoyarlos con los estímulos táctiles y visuales que son los que en estos casos les ayudarán a desarrollarse mejor.

¿CÓMO PUEDO DARME CUENTA DE QUE UN NIÑO NO OYE?

Los primeros años de vida son fundamentales para que un niño adquiera el desarrollo del lenguaje. No obstante, muchas veces la sordera no se diagnostica en este periodo debido  a que no presentan síntomas evidentes para los padres que desconocen este tipo de situaciones.

Por tal razón, la discapacidad auditiva suele ser detectada cuando el niño ya es más grande y se comienzan a observar dificultades en el aprendizaje, la conducta y el lenguaje.

El diagnóstico temprano de la discapacidad auditiva será esencial para que pueda haber una mejor rehabilitación del pequeño, así como un adecuado desarrollo cognitivo, afectivo y social, pues enseñarle a un niño sordo alternativas para comunicarse será mas fácil durante las primeras etapas de la infancia.

Es muy difícil darse cuenta de que un niño no escucha cuando es muy pequeño, pero debido a que es relevante intervenir a tiempo en estos casos, se recomienda solicitar al pediatra que durante las revisiones médicas de rutina realice una sencilla revisión de su aparato auditivo, así como de las reacciones que muestra 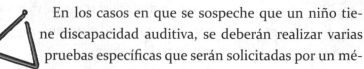 ante los sonidos; así, en caso de ser necesario, se le practicarán los estudios especializados lo más pronto posible.

Cuando exista la duda de que un niño no escucha adecuadamente, será necesario observar en la vida cotidiana la presencia de algunas de las siguientes conductas y buscar apoyo del médico o del audiólogo.

Podemos sospechar que un niño no oye bien si no se sobresalta o se despierta ante los ruidos del ambiente; si después de los tres meses de edad no responde cuando se le llama; si no balbucea durante el primer año de vida; si cerca de cumplir un año de edad no repite sonidos o inicia un lenguaje básico; si después de los dos años no dice palabras, sino que emite ruidos que no se entienden; si después de los tres años no es capaz de repetir frases de más de dos palabras; si después de los cuatro años no puede contar lo que le pasa con claridad o habla como un bebé; si muestra una conducta demasiado pasiva o no puede pronunciar con claridad las letras r, s, d, l, j y t.

En los casos en que se sospeche que un niño tiene discapacidad auditiva, se deberán realizar varias pruebas específicas que serán solicitadas por un mé-

dico especialista en otorrinolaringología o por un audiólogo, quien será responsable de interpretar los resultados y ofrecer las alternativas de tratamiento que se propondrán en cada caso.

Las pruebas que se realizan con mayor frecuencia en estos casos para evaluar la discapacidad auditiva en un niño son:

- ❊ **Audiometría tonal:** estudio mediante el cual se puede detectar en cada oído la intensidad de decibeles que escucha una persona (sonidos suaves o fuertes) y las frecuencias que puede captar (graves y agudas).

- ❊ **Potenciales evocados del tallo cerebral:** esta prueba se realiza en niños muy pequeños, debido a que en ellos todavía no es posible obtener una respuesta voluntaria y confiable. Su propósito es definir si existe o no una pérdida auditiva en edades tempranas.

- ❊ **Timpanometría o impedanciometría:** prueba que sirve para medir la función y el estado en que se encuentra el oído medio.

- ❊ **Reflejo estapedial:** esta prueba se utiliza para determinar si se encuentra este reflejo en el niño como una protección natural del oído contra los sonidos fuertes.

- ❊ **Logoaudiometría o audiometría verbal:** prueba que se aplica a niños que han desarrollado cierto grado de lenguaje y tiene como objetivo detectar la discriminación auditiva del pequeño en cada oído por separado, para determinar las diferentes alteraciones en cada uno de éstos.

¿Cuáles son los tipos de discapacidad auditiva?

Se puede distinguir de manera general dos tipos de discapacidad auditiva en los niños: la sordera o anacusia, que significa que existe una pérdida total de la audición, y la hipoacusia, que se refiere a la pérdida auditiva en distintos niveles, ya sea de manera temporal o permanente, y se clasifica a su vez en pérdida auditiva superficial, pérdida auditiva media y pérdida auditiva profunda.

Dependiendo del grado de sordera que un pequeño presente, escuchará de manera diferente. Por lo tanto, los niños con una pérdida de audición leve no oyen las palabras pronunciadas en voz baja, los niños que tienen una pérdida moderada necesitan que se les hable un poco más alto, los que tienen una pérdida severa sólo pueden oír las voces fuertes y aquellos con una pérdida profunda de la audición sólo pueden escuchar algunos ruidos muy intensos o ningún sonido.

En estos casos, también es posible que los menores sean capaces de escuchar algunos sonidos y otros no, o que oigan de manera distorsionada, lo cual puede confundirlos o alterarlos, ya que no pueden identificar con precisión lo que ocurre a su alrededor.

Para ayudar a los niños con discapacidad auditiva a mejorar y definir su audición, se utilizan los aparatos auditivos, los cuales serán indicados por los especialistas y deberán revisarse a menudo, con el fin de hacer los ajustes necesarios considerando la evolución auditiva y el crecimiento del niño.

También se puede hacer una diferenciación entre el tipo de sordera que se presenta desde el nacimiento y aquella que se adquiere durante la vida por diversas causas como pueden ser enfermedades, intoxicaciones o accidentes.

Para atender al niño con discapacidad auditiva de manera adecuada, será un factor muy importante determinar si es sordo desde antes de adquirir el lenguaje o si la sordera se manifestó después de que comenzó a hablar.

Según su localización, hay tres tipos de sordera: la sordera de transmisión o de conducción, cuando el daño se encuentra en el oído externo o medio; la sordera neurosensorial o de percepción, cuando existe algún impedimento en la cóclea, y la sordera mixta, que se refiere a los casos en los que la alteración se encuentra en ambas partes.

Cuando la sordera no es detectada a tiempo, suelen mostrarse alteraciones en otras áreas del desarrollo, ocasionadas sobre todo por la falta de adquisición de un lenguaje adecuado. Se ha observado que cuando un niño no se comunica adecuadamente debido a que no escucha, puede presentar también problemas de aprendizaje, socialización y conducta. Para evitarlo, es fundamental el diagnóstico preciso y temprano de esta condición.

CAUSAS DE LA DISCAPACIDAD AUDITIVA

Las principales causas que pueden generar una discapacidad auditiva son muy diversas: alteraciones genéticas, infecciones padecidas por la madre durante el embarazo, algunos problemas que durante el parto dificultan la oxigenación cerebral, nacimientos prematuros, infecciones en los oídos durante la infancia, ingesta de medicamentos de riesgo mal administrados y exposición a ruidos muy fuertes.

También pueden ser causas de una discapacidad auditiva los traumatismos craneoencefálicos ocasionados por accidentes o el deterioro de este órgano en edades avanzadas debido al desgaste producido por el tiempo.

Como se puede observar, algunas de las causas de esta condición podrían prevenirse mediante la atención médica oportuna, siguiendo ciertas precauciones o contando con información acerca del tema.

Cuando se sospecha la presencia de la discapacidad auditiva en un niño, será indispensable buscar la atención inmediata de los especialistas para elaborar un programa y un tratamiento adecuado para cada niño en particular, por medio del cual se podrá obtener el mejor desarrollo posible dentro de su condición.

La mayoría de los niños que nacen con una discapacidad auditiva viven con padres oyentes, es decir que sí pueden escuchar, quienes tienen que aprender la manera de comunicarse con su niño por medio de la lengua de señas u otras alternativas de comunicación.

Asimismo, hay familias con uno o con ambos padres sordos que tienen hijos con esta discapacidad, transmitida por alguna alteración genética. En estos casos la lengua de señas se convierte en la lengua materna y se ha observado que los niños que crecen en estas familias se desarrollan y se adaptan a su medio con facilidad.

También llega a ocurrir en algunas familias que los padres son quienes presentan una discapacidad auditiva y sus hijos son personas oyentes que aprenden primero la lengua de señas como lengua materna y después aprenden a hablar en el idioma de su región. Con frecuencia estos niños al crecer se convierten en excelentes intérpretes de la lengua de señas.

¿Qué hago con un niño con discapacidad auditiva?

La presencia de un niño con discapacidad auditiva en una familia es una situación que ocasiona confusión y dificultad de aceptación, principalmente en los padres del pequeño, pues ellos son los primeros que tendrán que brindarle a su hijo una atención especial, sobre todo durante los primeros años de vida.

Esta atención oportuna permitirá al niño que no puede oír, contar con los medios y los apoyos necesarios para establecer una relación con los demás y para promover el desarrollo de los demás sentidos que no presentan alteraciones. De tal manera se fomentará su crecimiento, independencia y conocimiento de su entorno.

Una vez que se sabe que un niño tiene una discapacidad auditiva, se recomienda tratarlo de la misma manera que a otro niño de su edad, aunque por supuesto, al mismo tiempo habrán de proporcionársele los apoyos necesarios para que logre desarrollarse de manera integral y pueda así participar en la sociedad a la que pertenece.

Para esto, deberá acudir lo más pronto posible con terapeutas en audición y lenguaje, quienes serán los responsables de brindarle la atención especial que requiere para comunicarse, ya sea en forma individual o grupal.

Es esencial no enmudecer cuando estamos con un niño con discapacidad auditiva. En este caso será necesario hablarle, cantarle y comentarle lo que sucede, aunque no pueda escucharnos, ya que el lenguaje siempre es un medio de expresión que va más allá de las palabras.

Existe también la comunicación no verbal, manifestada a través del movimiento del cuerpo y de los gestos. Por medio de ésta pueden transmitirse también muchos mensajes e información al niño.

Debe evitarse hablar con los niños con este tipo de discapacidad de manera telegráfica, con instrucciones cortas y reduciendo la comunicación. En ocasiones, cuando un pequeño no escucha, se considera que no tiene sentido utilizar el lenguaje con toda su riqueza y al hacer esto se limita seriamente su desarrollo en diversas áreas, en particular en la intelectual.

Un niño con una sordera total permanece envuelto por el silencio, en el cual comienza a conocer el mundo que lo rodea, especialmente por medio de las imágenes que mira, los objetos y texturas que toca, las sensaciones que experimenta con su cuerpo y los olores que percibe con el olfato. Es fundamental saber que un pequeño sordo tiene la posibilidad de establecer una comunicación y un diálogo consigo mismo.

Para conseguir lo anterior, será importante que se estimulen adecuadamente los sentidos que no tiene alterados mediante una capacitación especial con terapeutas de lenguaje o especialistas en comunicación humana que le enseñarán la manera adecuada de expresarse y fomentar esta práctica en las actividades que se realizan en la vida cotidiana.

Puede ser útil intentar ponernos en el lugar de un niño con discapacidad auditiva para entender mejor su condición. Con este fin se recomienda realizar algunos ejercicios como ver televisión sin sonido e intentar entender lo que dicen los actores, salir a la calle con tapones en los oídos, estar en lugares donde no se escuchen ruidos, intentar expresarnos y comunicarnos con los demás por medio de la mímica, entre otros. Así experimentaremos en cierta medida lo que vive un pequeño que se encuentra en esta situación.

En algunas ocasiones, los niños con discapacidad auditiva se comportan con mal humor, se desesperan y se enojan con facilidad. Otras veces se aíslan, se frustran o adoptan conductas inapropiadas que les dificultan aún más la posibilidad de relacionarse con otras personas. Esto suele ocurrir cuando no encuentran alternativas para comunicarse y por lo tanto, no pueden expresar lo que les sucede.

Para evitar que esto suceda, será esencial enseñar al niño sordo un sistema de comunicación adecuado para su condición y aprender a escucharlo. En los casos más complicados, deberá buscarse la atención de un psicólogo especializado que es el profesional indicado para tratarlo.

¿Qué pensamientos tiene un niño que no puede oír, qué escucha en su interior un niño que no conoce los sonidos y las palabras, cómo se puede establecer la comunicación con él? Éstas son preguntas que con frecuencia se plantean quienes viven cerca de un pequeño con discapacidad auditiva.

Para llegar a responder algunas de estas preguntas, habrá que buscar las alternativas adecuadas para comunicarnos con nuestro niño y aprenderlas lo más pronto posible.

Los padres, los hermanos y los familiares cercanos de un niño con discapacidad auditiva podrán aprender la lengua de señas, la lectura de los labios y los demás sistemas de comunicación oral, pues éstos serán los medios que les permitirán hablar con el pequeño y conocerlo mejor.

En estos casos, deberá también intentarse que el mayor número posible de personas que mantengan contacto con un niño con discapacidad auditiva, aprendan alguna de las formas de comunicación mencionadas para ampliar así sus posibilidades de relación, de aprendizaje y de socialización con los demás.

De igual forma, un niño sordo deberá aprender pronto a leer y escribir para adquirir esta forma de comunicación impresa que casi todas las personas conocen, dado que esta alternativa de comunicación le permitirá desenvolverse con mayor seguridad, facilidad y claridad en la vida cotidiana.

Poner en marcha estas acciones será la única manera para que los niños con discapacidad auditiva logren salir poco a poco de ese mundo del silencio que en ocasiones los excluye de la sociedad por no tener una voz. Por esto, se considera fundamental que utilicen las herramientas que requieren para poder expresarse y hacerse escuchar.

En los casos en los que un niño sordo tenga algunos restos auditivos, será muy importante conocer cuáles son los sonidos que es capaz de escuchar, cuáles son los que le molestan y cuáles los que le agradan, para procurar así adaptar su ambiente de modo tal que pueda sentirse tranquilo.

A veces es factible que se confundan las causas de algunas conductas inadecuadas en los niños sordos, ya que éstos pueden alterarse con facilidad por percibir los sonidos de manera distorsionada.

Resulta fundamental acercarse a un niño con discapacidad auditiva, tocarlo suavemente para atraer su atención, intentar establecer contacto visual el mayor tiempo posible y procurar ser muy expresivos con los gestos y con los movimientos del cuerpo.

Será necesario utilizar constantemente la actuación mediante el movimiento de todo el cuerpo y llevarlo con frecuencia a los lugares donde se le pueda mostrar en la realidad lo que intentamos comunicarle. Así podrá conocer diferentes lugares por medio de otros sentidos como la vista, el olfato o el tacto.

De tal modo, por ejemplo, si se pretende enseñar a un niño sordo lo que se encuentra en un bosque, le recomendamos llevarlo ahí, enseñarle los árboles, permitir que toque las hojas, los troncos y el pasto, que perciba los diferentes aromas, el clima, etcétera.

Otra manera de promover y facilitar el aprendizaje y la comprensión de este niño, será por medio de las imágenes visuales con fotografías o tarjetas, las cuales se nombrarán conforme se le muestren para que aprenda a relacionar cada objeto con el nombre que le corresponde.

También es útil pedirle a un niño con discapacidad auditiva que repita algunas palabras mirando el movimiento de la boca y colocando su mano en nuestra garganta o cara para que por medio del tacto pueda percibir las vibraciones sonoras que se producen al hablar.

Para esto, se requiere mucha paciencia, realizar un esfuerzo especial constante para fomentar con nuestras actitudes que el niño logre entendernos, dedicar un tiempo especial para esto y repetirle lo que le decimos cuantas veces sea necesario.

Es muy importante tomar en cuenta que no sólo los niños con discapacidad auditiva tienen dificultades para escuchar, sino que también nosotros los tenemos para entenderlos y hacernos comprender por ellos. Por tal razón, tenemos que trabajar en estos aspectos personales para realmente lograr una interacción con aquellas personas que viven con esta condición.

Es común que el niño con discapacidad auditiva establezca un código de comunicación particular con sus padres o con los miembros cercanos de la familia, pero el reto en estos casos será lograr que llegue a comunicarse con la mayoría de las personas.

Como ya se comentó, la sordera no se ve, no es evidente, es una condición invisible que no hace notoria una diferencia o discapacidad. Sin embargo, en cuanto se requiere establecer una comunicación con quienes la viven, aparecen obstáculos que no se pueden eliminar con facilidad, por la poca sensibilidad e información que existe en la sociedad ante esta situación, por la indiferencia de la gente, por la resistencia al cambio y por la poca disposición que encontramos para tomar en cuenta una condición que, como no puede verse, en muchos casos se considera imaginariamente que tampoco existe.

Por esto, será fundamental transmitir la importancia de aprender nuevas maneras de comunicación y de romper así la barrera que hace que las personas con discapacidad auditiva permanezcan aisladas. La lengua de señas es un idioma que todos deberíamos aprender para contribuir de manera activa a este cambio tan necesario en la sociedad.

Existen algunas propuestas planteadas por organismos de educación para enseñar el lenguaje de señas a los niños que cursan la educación básica en todas las escuelas, para de esta manera formar nuevas generaciones con información útil y adecuada en este sentido, pero sobre todo con sensibilidad para tratar estas situaciones.

En este apartado también vale la pena mencionar que algunos niños, aun cuando sí escuchan, requieren apoyos y tratamientos similares a los que reciben aquellos con discapacidad auditiva, debido a que diversas circunstancias presentan problemas de lenguaje y de expresión por tener alteraciones de las cuerdas vocales, de la lengua o de la cavidad oral, así como por presentar discapacidad intelectual o diversos tipos de daño cerebral.

En estos casos, también puede ser útil seguir las recomendaciones que aquí se plantean para establecer una comunicación, considerando las adecuaciones que se requieren para poder atender cada situación en particular.

EL DESARROLLO DEL BEBÉ CON DISCAPACIDAD AUDITIVA

Durante los primeros años de vida los niños con discapacidad auditiva se desarrollarán casi de la misma forma en que lo hace un bebé que sí puede escuchar. Por esto, es muy difícil darse cuenta en fases tempranas cuando los niños presentan esta condición.

El proceso de alimentación de estos bebés no tendrá alteraciones significativas cuando son muy pequeños, pues podrán succionar la leche adecuadamente, mirar a su madre cuando son alimentados, tocar la piel de quien los abrace con sus manos, así como reconocer los aromas que le son familiares.

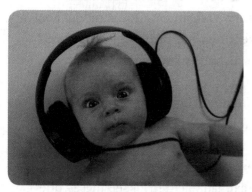

Sin embargo, al no poder escuchar la voz de su madre, ni los latidos de su corazón, los cuales son sonidos que por lo común tranquilizan a un bebé y favorecen la formación de vínculos afectivos tempranos, es probable que comiencen a surgir algunas dificultades en este sentido durante este periodo.

Posteriormente, con el paso del tiempo, quizá los bebés empiecen a experimentar dificultades para pedir su alimento y para regular los periodos de sueño, debido a su imposibilidad para escuchar los sonidos que vienen del exterior, lo que puede alterar estos procesos en forma significativa.

Cuando los padres de un bebé con discapacidad auditiva encuentran durante esas fases tempranas del desarrollo, las alternativas adecuadas que se requieren para poder comunicarse con su hijo, estas dificultades disminuirán, apareciendo entonces diferentes formas de expresión que facilitarán la comunicación.

Un niño con este tipo de discapacidad necesitará ser estimulado constantemente para que aprenda lo más pronto posible a mirar a su alrededor, a sentir las vibraciones que se producen en el cuerpo y en algunos objetos, así como a tocar lo que se encuentre a su alcance para poder conocer el mundo.

Se ha observado que el llanto de un bebé que no puede escuchar es diferente del de la mayoría de los bebés, ya que suele ser muy pausado y se acompaña también de jadeo.

El bebé sordo, al no poder escuchar, no consigue aprender a modular su llanto y por esto después de una pausa vuelve a llorar, no balbucea y no imita verbalmente los sonidos. Por consiguiente, los padres tendrán que reconocer las señales corporales que manifiesta su bebé para poder así entender sus necesidades.

El desarrollo motor de un bebé con discapacidad auditiva por lo general ocurre durante el tiempo en que se presenta en los niños de su edad. En consecuencia, se espera que será capaz de sostener su cabeza alrededor de los cuatro meses, que se sentará sin ayuda aproximadamente a los seis meses, que estará en posibilidad de iniciar el gateo a los ocho meses y que podrá ponerse de pie y caminar cerca del año de edad.

En ocasiones el desarrollo motor de un niño con discapacidad auditiva puede retrasarse, debido a que el pequeño no se da cuenta de que lo están llamando y a que no ha podido descubrir las cosas que sólo pueden conocerse a través del sentido del oído.

Será entonces labor de los padres y de los educadores, encontrar las formas adecuadas para llamar la atención del niño con los otros sentidos que sí funcionan, sobre todo por medio de la vista, del olfato y del tacto.

Una vez que el bebé con discapacidad auditiva sea capaz de desplazarse por sí mismo, será crucial cuidarlo de los peligros de su entorno con medios diferentes de la voz. Por ello, habrá que acercarse a él, tocarlo y asegurarse de que nos está mirando para darle una indicación, para invitarlo a que realice una actividad, para enseñarle su entorno y para establecer una comunicación más duradera con él.

Por ejemplo, un niño que no oye no podrá ser advertido con un grito de que se encuentra en una situación de peligro. De ahí la necesidad de supervisarlo con frecuencia y apresurarse para prevenir que sufra un accidente.

Cuando este pequeño tenga la madurez suficiente para iniciar el control de esfínteres, esto es para aprender a ir al baño, se le deberá enseñar este proceso mediante mímica y mostrándole los objetos que requiere utilizar para realizar esta acción. Se sugiere también usar muñecos que están diseñados para este fin, que tienen una mamila con la que toman agua, un orificio mediante el cual expulsan lo que beben y un pequeño baño en el que pueden desalojar el agua.

De esta manera, el niño aprenderá a ir al baño mediante el juego y la imitación, al ver a otras personas llevar a cabo esta acción, la cual le permitirá controlar su cuerpo y adquirir mayor autonomía e independencia. También así podrá aprender muchas actividades que le ayudarán a madurar y crecer.

Por lo regular, este tipo de procesos se logran alrededor de los tres años de edad y se espera que para ese momento el niño con discapacidad auditiva pueda iniciar un programa especial de comunicación alternativa junto con su familia, para adquirir una forma de expresión que le permita continuar su desarrollo, prácticamente al mismo tiempo en que lo hace un niño de su misma edad.

En estos casos, suele suscitarse un retraso moderado en el proceso de desarrollo infantil, debido a la confusión que con frecuencia se presenta en los padres y a las dificultades de comunicación que en un inicio tienden a entorpecer la relación.

Sin embargo, una vez que se ha logrado identificar las dificultades del niño y que se ha establecido un sistema de comunicación eficiente, se podrá trabajar en conjunto niño-familia, maestros-terapeutas, para continuar el desarrollo y aprendizaje a un ritmo similar al que avanzan los demás niños.

¿Qué más se puede hacer para estimular a un niño con discapacidad auditiva?

- Utilizar en la vida cotidiana la comunicación verbal y no verbal con los bebés y los niños con discapacidad auditiva.
- Enseñar al niño por medio de mímica las instrucciones que debe seguir y la forma de realizar las actividades de la vida cotidiana.
- Dar explicaciones completas y detalladas con el lenguaje adecuado de lo que sucede en el entorno para fomentar su desarrollo intelectual.
- Apoyarlo para ubicarse adecuadamente en los espacios, mantener el equilibrio e identificar las diferentes direc-

ciones que existen, por ejemplo, arriba, abajo, izquierda, derecha, etcétera.

❧ Definir un solo medio de expresión como el principal para comunicarse con el niño, ya sea la lengua de señas o el sistema de comunicación oral, y utilizar las demás alternativas de comunicación como apoyo sólo en ciertas situaciones.

❧ Asegurar la participación en la educación del niño con esta condición del mayor número de miembros de la familia, así como de algunos amigos y conocidos con los que mantenga una relación frecuente.

❧ Interpretar al niño con el lenguaje adecuado lo que sucede a su alrededor, para incluirlo constantemente en su medio familiar y social, y así evitar las conductas de aislamiento.

❧ Ayudar al niño con esta condición a conectarse con el mundo y a compartir sus experiencias, para lo cual se necesitarán espacios en los que pueda expresar lo que necesita, desea, siente y piensa.

❧ No olvidar que el lenguaje también tiene una función catalizadora, esto es de descarga emocional. Por lo tanto, será fundamental que los niños con discapacidad auditiva puedan encontrar formas y momentos adecuados de expresión que les ayuden a sentirse mejor y a no reprimir experiencias y sentimientos en ellos mismos que les abrumen o que les ocasionen frustración.

❧ Estimular el desarrollo cognitivo del niño con discapacidad auditiva de manera especial, con terapeutas de lenguaje y aprendizaje, para así evitar que el pequeño presente retraso en otras áreas que no se encuentren alteradas.

❧ Utilizar un espejo de cuerpo completo para que el niño aprenda a conocer e identificar las diferentes partes de su cuerpo, así como los gestos, expresiones y movimientos que se realizan con el rostro al hablar.

- Conseguir material especializado para niños con discapacidad auditiva, como libros, cuadernos y programas para computadoras que incluyan imágenes de la lengua de señas y otros aparatos que faciliten la comunicación y el aprendizaje en estos casos.

¿Qué apoyos requieren los niños con discapacidad auditiva?

Los niños con discapacidad auditiva requieren en algunos casos de auxiliares auditivos o de audífonos, que son aparatos electrónicos que amplifican el sonido de acuerdo con las necesidades particulares de cada pequeño. Estos aparatos pueden ser de diferentes tipos: de caja, de curveta o intracanal, y serán indicados por el médico después de observar las condiciones particulares en cada caso.

Los aparatos auditivos se pueden usar desde los primeros meses de edad y constituirán un apoyo fundamental para que el niño con esta condición pueda escuchar, junto con el entrenamiento y los estímulos que reciba por parte de los especialistas y de su familia.

Asimismo, estos pequeños necesitarán diferentes aparatos como alarmas, timbres, avisos luminosos y despertadores que, mediante vibraciones o luces, les alertarán acerca de lo que sucede a su alrededor. Estas herramientas les permitirán vivir con mayor independencia y seguridad.

También hay teléfonos adaptados con teclas que reciben los mensajes escritos en una pantalla, así como películas y programas de televisión con subtítulos que permiten a las personas con esta condición comprender lo que ven y que facilitan la comunicación con los demás.

En la actualidad la computadora y los nuevos medios de comunicación son herramientas excelentes para apo-

yar a las personas sordas, pues con el uso del proce-
sador de palabras, de Internet, del correo electróni-
co, la mensajería instantánea y redes sociales, tienen
acceso a una comunicación más amplia con diversas
personas y en diferentes lugares del mundo.

TRATAMIENTOS Y TERAPIAS PARA niños con DISCAPACIDAD AUDITIVA

Los niños con discapacidad auditiva deberán ser diagnosticados y valorados por un médico especialista en problemas de
audición, por un terapeuta de lenguaje y por un terapeuta
de aprendizaje.

Con base en los resultados obtenidos en las pruebas au-
diológicas aplicadas y mediante la observación clínica de
las capacidades y limitaciones que muestre cada niño en
particular, se elaborará un programa específico para proporcionarle la atención que requiere lo más pronto posible.

En la mayoría de los casos en los que existe una pérdida auditiva se colocarán aparatos que funcionarán como auxiliares
auditivos. Sin embargo, dichos aparatos no serán suficientes
para lograr que el niño escuche; se requerirá el entrenamiento, la guía y el estímulo de un especialista para que aprenda a
conocer la presencia y ausencia de sonidos, para que distinga
entre los sonidos verbales y los no verbales, para que localice
la fuente sonora y aprenda a centrar la atención auditiva.

Por medio de este proceso, el niño logrará poco a poco
comprender los sonidos, ejercitará su memoria auditiva y desarrollará los mecanismos necesarios
para escucharse a sí mismo.

Es muy importante revisar que los aparatos auditivos se encuentren bien
adaptados para que el niño reciba la

mejor calidad posible de sonido, y asegurarse de que se utilicen durante todo el día, pues sólo deberán retirarse por la noche y estar pendientes con frecuencia de que las pilas funcionen correctamente. El audiólogo será el especialista responsable de explicar el funcionamiento y el mantenimiento que requieren recibir estos aparatos para mantenerse en buenas condiciones.

En algunas ocasiones, el médico puede recomendar las siguientes alternativas para tratar la discapacidad auditiva:

* Cirugía: esta opción se considera cuando se presenta hipoacusia por falta del pabellón del oído o del canal auditivo, cuando se requiere la reconstrucción del tímpano o de los huesecillos o cuando es necesaria la colocación de tubos de ventilación para eliminar infecciones ocasionadas por la acumulación de líquido en el oído medio.

* Implante de titanio: esta cirugía se recomienda a niños mayores de cinco años con pérdidas auditivas de tipo conductivo en el oído medio y externo, debido a que por diversas causas no se benefician del uso de los aparatos auditivos y, por lo tanto, requieren un implante interno para mejorar su audición.

* Implante coclear: este procedimiento quirúrgico se indica en los casos en los que la sordera del niño es profunda debido a que se encuentra dañado el oído interno, por lo que requiere una prótesis que realice las funciones de la cóclea o caracol con un dispositivo que tiene la función de transformar los sonidos en impulsos electrónicos.

Se recomienda en todos los casos, antes de someter a un niño a una cirugía, consultar la opinión de varios médicos para poder tomar una decisión adecuada en la que se conozcan y comparen tanto los beneficios como los riesgos de estos procedimientos.

Por otra parte, considerando cada caso y una vez valoradas las características particulares de la audición en cada niño en particular, el terapeuta de lenguaje le enseñará al pequeño y a su familia los sistemas de comunicación oral, la lectura labiofacial o la lengua de señas de su región.

Es fundamental que todas las personas que conviven habitualmente con un pequeño con discapacidad auditiva, aprendan a utilizar la misma forma de comunicación con el fin de evitar confusiones. El sistema deberá elegirse tomando en cuenta, principalmente, las condiciones y las necesidades del niño, así como en cierta medida, su entorno cotidiano.

La decisión debe tomarse con mucho cuidado, debido a que implicará un compromiso y una responsabilidad que tendrá efectos importantes en la vida de una persona con discapacidad auditiva.

Con el fin de hacer una mejor elección, se sugiere investigar y observar cómo se comunican las familias con niños con discapacidad auditiva, ya que esta experiencia podrá ayudar a encontrar el sistema que más se adapte y facilite la comunicación con nuestro pequeño en particular.

A continuación analizaremos los principales sistemas de comunicación que se utilizan, con el objeto de que las personas con discapacidad auditiva adquieran este proceso fundamental.

La lengua de señas

La lengua de señas es un sistema de comunicación que utiliza los gestos, el movimiento corporal, el lenguaje manual y la dactilología (alfabeto manual), mismos que permiten al niño con discapacidad auditiva expresar sus necesidades, pensamientos y sentimientos.

La lengua de señas es el lenguaje de los sordos por excelencia y, si bien reúne las características que poseen los idiomas, tiene una estructura propia, diferente de los idiomas hablados, en la que participan cinco factores imprescindibles, como son la configuración, la localización, el movimiento, la orientación y la expresión facial.

Mediante el uso correcto de estos cinco parámetros, una persona sorda puede llegar a comunicarse sin tener problemas de confusión del mensaje que recibe y pudiendo emitir la comunicación que desea a los demás.

Los niños sordos pueden aprender la lengua de señas con la misma facilidad que los niños oyentes aprenden la lengua oral, y se recomienda que adquieran este conocimiento lo más pronto posible.

El lenguaje de señas se reconoce como un sistema de comunicación completo, ya que se puede traducir y se representa a través de señas alfabéticas llamadas "dactilología". Este lenguaje también puede comunicarse por ideogramas, es decir, representaciones manuales de una palabra, idea o expresión.

La lengua de señas no es universal, por lo que cada país tiene una propia e incluso en algunos países existen diversas lenguas de señas dependiendo de la región; por ejemplo, en México se utiliza la denominada lengua de señas mexicana.

Las personas que están capacitadas para interpretar y traducir el lenguaje de señas a un lenguaje oral y viceversa son conocidas como intérpretes.

El intérprete de señas es capaz de recibir el mensaje en una lengua y de transmitirlo en otra a un público amplio o en una conversación entre dos personas. Este proceso es complejo pues requiere habilidades lingüísticas, técnicas y cognitivas.

Los intérpretes de señas deben contratarse para que participen en las clases de las personas con discapacidad auditiva en cualquier nivel escolar a partir de la educación preescolar. También pueden ser útiles sus servicios en las visitas al médico, al psicólogo, al dentista y con los abogados, así como en hospitales, delegaciones y centros de atención al público.

Tanto los niños pequeños como los mayores necesitan en ciertas ocasiones que sus padres, familiares o maestros realicen la función de intérpretes para poder comunicarse con las personas que no conocen la lengua de señas.

Debido al esfuerzo que muchas personas han realizado para promover el hecho de que la lengua de señas no es sólo un lenguaje para sordos, sino que es un lenguaje que todos deberíamos conocer, cada vez es más frecuente encontrar intérpretes de señas en diversos ámbitos y foros, lo que permite que de manera creciente, se haga realidad la integración de las personas con discapacidad auditiva en la sociedad.

LOS SISTEMAS ORALES

Los sistemas orales se encargan de aprovechar en la mayor medida posible los restos auditivos de los niños sordos para establecer mediante estos sonidos un sistema de comunicación.

Existen diversos métodos para enseñar a hablar a un niño con discapacidad auditiva mediante las palabras y los sonidos captados por medio de auxiliares auditivos y de la lectura labiofacial.

El sistema verbotonal consiste en aprovechar y optimizar los restos auditivos trabajando con un aparato llamado suvag, el cual actúa como seleccionador, amplificador y codificador de los sonidos, ayudando al niño con discapacidad auditiva a identificar y comprender los escasos sonidos que recibe.

Para enseñar este sistema, los especialistas también se apoyan en las vibraciones emitidas por la música, los sonidos y la voz que puede percibir un niño sordo mediante las diferentes partes de su cuerpo, así como en imágenes visuales que incluyen fotografías, dibujos, objetos y gestos, por medio de los cuales el pequeño observa primero los elementos que después aprenderá a nombrar.

Este sistema permitirá que el niño con discapacidad auditiva logre emitir algunos sonidos que poco a poco se irán modulando hasta convertirse en palabras y que aprenda a descifrar e interpretar el movimiento de los labios y los gestos de las personas para poder comprender lo que dicen.

LA LECTURA LABIOFACIAL

Esta técnica permite que los sordos aprendan a comprender el lenguaje por medio de los movimientos que realizan las personas cuando hablan con la boca, los labios, la lengua, los dientes, los gestos faciales y algunos movimientos corporales. Por medio de este método, las personas con discapacidad auditiva reconocen las palabras y captan el mensaje que se recibe. Sin embargo, suele ser difícil aprenderlo, debido a que algunos fonemas tienen el mismo punto de articulación. Además, dado que este tipo de comunicación requiere mucha capacidad de atención y memoria visual, suele producir fatiga en poco tiempo, lo cual dificulta la comunicación.

Para leer los labios hay que observar a la persona que habla a una distancia corta, con suficiente luz y concentrarse con el fin de lograr comprender con claridad lo que dice.

En la actualidad este método se utiliza principalmente como apoyo en otros sistemas de comunicación y el desarrollo de esta capacidad proporciona más herramientas que facilitan la comprensión del mensaje que se recibe.

SISTEMAS COMPLEMENTARIOS DE COMUNICACIÓN ORAL

Estos sistemas se utilizan para reducir los problemas de comunicación apoyando el acceso al lenguaje oral de las personas con discapacidad auditiva y son los siguientes:

- ✳ Comunicación bimodal: utiliza el lenguaje de signos al mismo tiempo que se habla siguiendo el orden y la estructura del lenguaje oral. Por lo tanto, su uso se recomienda en personas con sordera leve acompañado de otro tipo de lenguaje.
- ✳ Palabra complementada: es un sistema complementario de lectura labial, que elimina ambigüedades al interpretar el movimiento de los labios. Consiste en ocho configuraciones manuales dife-

renciadas por la posición de la mano alrededor de la boca, lo que facilita la comprensión del lenguaje oral y el acceso a la lectura.

El lenguaje escrito

Una vez que el niño ha adquirido algún sistema de comunicación oral, tendrá la capacidad para aprender a escribir. Con la lectoescritura se podrán eliminar muchas barreras de comunicación con las demás personas, sobre todo en esta época en que la comunicación escrita se ha generalizado por medio de las computadoras o de la mensajería instantánea.

Sistemas de comunicación alternativa

Los sistemas de comunicación alternativa, también conocidos como sistemas de comunicación aumentativa, incluyen las opciones o estrategias que pueden utilizarse para facilitar la comunicación de las personas con dificultades importantes para hablar por diversas causas, ya sean sensoriales, físicas, intelectuales o psíquicas.

Para mejorar la comunicación de los niños con discapacidad auditiva se utilizan tableros con diversas imágenes que simbolizan palabras o mensajes que se quieren transmitir y que pueden ser comprendidos por cualquier persona al señalar o presionar las imágenes, ya que algunos de estos tableros también emiten sonidos. Estos sistemas han avanzado cada vez más y es posible incluirlos en productos tecnológicos como celulares inteligentes o computadoras, facilitando la expresión de las personas con discapacidad.

La educación para el niño con discapacidad auditiva

Los niños con discapacidad auditiva tienen las mismas posibilidades de aprender y de mostrar un desarrollo pleno en diversas áreas que aquellos que sí pueden escuchar.

Por tal razón será necesario que desde pequeños asistan a una escuela especial para adquirir las herramientas que les permitan comunicarse.

En estos casos la educación tendrá el objetivo de favorecer el desarrollo integral del niño, debiendo contemplar el desarrollo personal, intelectual, lingüístico, emocional y del conocimiento del medio en general, ya que la adquisición de estos elementos le permitirá integrarse con mayor facilidad a la sociedad a la que pertenece.

La educación del niño sordo debe ser bilingüe. De esta manera adquirirá la posibilidad de expresarse mediante la lengua de señas, de comprender lo que ocurre en su entorno y de tener acceso a todo tipo de material escrito en el idioma que se habla en su país o comunidad.

Se ha observado que los niños con esta condición requieren una capacitación previa en la familia y, como ya se mencionó, en una escuela especial como primera opción, en la que puedan aprender un sistema de comunicación que les permita posteriormente integrarse en una escuela regular.

Tanto los niños que se comunican mediante un sistema oral, como los que utilizan un lenguaje de señas, necesitarán de maestros especializados que les enseñarán a leer y escribir en un lenguaje nuevo para ellos, que es su lengua materna o el idioma que se habla en la región en que viven.

Una vez adquiridos estos conocimientos, podrá decidirse en cada caso particular si conviene que el niño con discapacidad auditiva se integre con los apoyos necesarios a la escuela regular o si es recomendable que continúe su educación en una escuela de educación especial.

Es imprescindible que los niños con esta discapacidad asistan a la escuela desde pequeños, pues será en este medio donde, además de aprender los conocimientos que requieren para continuar su desarrollo, tendrán la posibilidad de convivir con otros niños de su edad y de adquirir las normas de comportamiento que les permitirán adaptarse mejor a la sociedad de la que forman parte.

En la actualidad existen algunas escuelas regulares en las que los maestros y el alumnado aprenden a comunicarse mediante la lengua de señas, lo que permite que los niños con discapacidad auditiva se beneficien en diversos aspectos y aprendan mejor.

Los niños sordos tienen derecho a ser respetados y a recibir las mismas oportunidades que los demás pequeños de su edad, así como a que sus estudios sean interpretados y evaluados en lenguaje de señas por el personal que conozca esta forma de comunicación.

Las personas con esta condición en la vida adulta pueden llegar a cursar estudios de educación superior y a desempeñar actividades laborales como lo hace cualquier persona, siempre y cuando cuenten con la preparación adecuada, con las herramientas necesarias y con el apoyo de la sociedad.

SUGERENCIAS PARA PROMOVER LA ADAPTACIÓN DE UN NIÑO CON DISCAPACIDAD AUDITIVA AL MEDIO FAMILIAR Y ESCOLAR

La discapacidad auditiva en un niño no sólo altera el funcionamiento del oído, también tiene un efecto en su carácter y en su comportamiento, así como en sus características personales. Debido a las dificultades que existen en la comunicación, en ocasiones los pequeños con discapacidad auditiva pueden parecer malhumorados, con conductas inadecuadas para su edad o con tendencia a mostrar rasgos frecuentes de aislamiento.

Como no pueden escuchar, los niños con esta discapacidad suelen no darse cuenta de cuándo hacen ruido con los objetos, con su cuerpo o con su propia voz. Por ello hay que hacerles saber de alguna manera que estos sonidos pueden ser molestos o malinterpretados por algunas personas.

Otra consecuencia de sus dificultades de expresión, es que con frecuencia los niños con discapacidad auditiva intentan comunicarse con gestos exagerados, golpes o berrinches como una manera de llamar la atención. Si bien estas conductas suelen ser comunes en estos pequeños, pues contribuyen a disminuir la frustración y la desesperación que les produce el no poder expresarse con facilidad, es necesario advertirles, con el fin de ayudarles a adaptarse, que estas conductas no son adecuadas ni aceptadas por los demás, así como ayudarles a encontrar diversas alternativas para poder relacionarse.

Los niños con este tipo de discapacidad requieren límites muy claros por parte de las personas que los cuidan para poder integrarse a la sociedad, pero, sobre todo, necesitan estas normas y límites para mantener su seguridad.

Es fundamental tomar en cuenta que, como ya mencionamos, a un niño sordo no podemos avisarle por medio de un grito cuando se encuentra en peligro de tener un accidente, no se le podrá llamar desde lejos en los momentos en que debemos comunicarle algo importante y tampoco escuchará la palabra "no" que facilita en gran medida la educación de los niños pequeños. Más bien, será necesario acercarse a él para hacerle saber lo pertinente y, poco a poco, encontrar diferentes alternativas para establecer la comunicación o utilizar las herramientas adecuadas que puedan apoyar para lograr su comprensión.

Los adultos que cuidan a un niño con discapacidad auditiva o sus maestros en la escuela, tendrán que estar cerca para ayudarle cuando así se requiera y, a la vez, estar lejos para permitir que el pequeño pueda adquirir los elementos necesarios para desarrollarse de manera independiente con sus propios medios. También deberán tener siempre presente que el niño necesita ver para "escuchar", y que no será posible establecer una comunicación efectiva con él cuando se le está dando la espalda, cuando se habla con otras personas o al encontrarse en otra habitación.

Muchas veces los padres hablan con sus hijos cuando van conduciendo un coche o mientras lavan los trastes, pero en caso que haya una discapacidad auditiva de por medio, habrá que buscar otros momentos para comunicarse con el niño. Por ejemplo, para hablar con él, hay que sentarse de frente, mirarlo a los ojos, hablarle de la manera adecuada para que pueda entender y después tener paciencia para asegurarse de que comprende lo que se le está diciendo. A veces puede ser necesario pedirle que repita a su manera lo que "escuchó".

Para un niño con esta condición, es muy reconfortante saber que tiene la posibilidad de estar en constante interacción con sus padres, sus maestros y con otros niños de su misma edad, dado que el interés que demuestren los demás por comunicarse con él, le motivará para seguir buscando nuevas alternativas con el fin de expresarse.

El pequeño con discapacidad auditiva, necesita que se le ayude a establecer una rutina clara con tareas específicas en su casa y en la escue- Estas actividades le ayudarán a organizar su vida de mejor manera y reducirán en cierta medida la incertidumbre que en ocasiones le provoca no poder escuchar y, por lo tanto, no poder comprender con claridad lo que sucede a su alrededor.

El silencio resulta ser muchas veces una causa de angustia en el niño.

En la medida en que los pequeños con discapacidad auditiva logren comunicarse con los demás, esta tensión disminuirá y les permitirá adaptarse mejor a su medio cotidiano y aprovechar las oportunidades que se les presentan durante la infancia.

De esta manera, podrán adquirir las bases que se requieren para en un futuro llevar una vida adulta independiente, con posibilidades de desempeñar un trabajo, de relacionarse con otras personas, de establecer relaciones de pareja y de formar una familia, si así lo desean.

Recomendaciones para mejorar el aprendizaje de un niño con discapacidad auditiva

En las últimas décadas se ha observado que la discapacidad auditiva no tiene por qué limitar el desarrollo intelectual del niño sordo. Sin embargo, esta dificultad se puede presentar debido a la falta de acceso que tienen estos niños a la comunicación con los demás y a la educación adaptada que se dirige sólo a impulsar ciertas capacidades y limita el uso de habilidades para promover su aprendizaje.

Los programas educativos para los niños sordos se basan en una filosofía bilingüe donde se toma como primera lengua, la lengua de señas y como segunda, el idioma que se utiliza en el lugar donde viven.

Los niños con discapacidad auditiva deberán aprender primero en la escuela un sistema de comunicación que les permita adquirir un lenguaje, para después poder tener acceso al conocimiento por medio de la lectura y la escritura.

Para esto, existen diversos métodos educativos especiales que utilizan imágenes y objetos reales que facilitan a los maestros enseñar a los niños con esta condición.

Los maestros de un pequeño con discapacidad auditiva deben conocer muy bien el sistema de comunicación que utiliza su alumno, ya sea lengua de señas, sistema oral u otros medios de comunicación alternativa, así como promover que los demás niños del grupo y miembros de la escuela aprendan también a comunicarse de esa manera, ya que así propiciarán el aprendizaje y la sensibilización tanto del pequeño con discapacidad auditiva como de los demás alumnos.

Asimismo, los maestros deberán establecer una relación cercana y de confianza con el niño con discapacidad auditiva, la cual permita que exista una buena comunicación entre ellos. En estos casos, será necesario mantener una comunicación visual y cercana con el pequeño y tocarlo suavemente para atraer su atención.

Una gran parte del aprendizaje del niño sordo tendrá que darse de manera vivencial, esto es por medio de experiencias propias que le permitan conocer a través de sus demás sentidos lo que se le pretende enseñar. Para esto, se le deberá permitir de manera especial observar las cosas, tocarlas, olerlas, con el fin de que alcance un aprendizaje integral.

Para que un niño con discapacidad auditiva pueda avanzar en un proceso de aprendizaje, primero será necesario que adquiera un vocabulario de palabras y verbos, que poco a poco le proporcionarán una estructura para obtener la capacidad de leer los labios.

Conseguir este objetivo requerirá utilizar el mayor número de recursos didácticos visuales que se encuentren al alcance, entre ellos fotografías, imágenes e ilustraciones.

También será importante utilizar el contexto natural, nombrando los objetos que se utilizan cotidianamente como un vaso, el peine, el jabón, la pluma, el cuaderno, un árbol, una casa, un coche, un teléfono, etcétera. Al mismo tiempo que se le enseña al niño el nombre de los diferentes objetos, se le podrá mostrar con mímica y por medio de gestos la función, las características y el significado de cada una de ellas.

En la práctica educativa se recomienda utilizar el lenguaje bimodal con el objetivo de ofrecer al niño con discapacidad auditiva diversos medios que le permitan la comprensión del mensaje; de esta manera se podrá aumentar paulatinamente su capacidad de expresión y se establecerá una mejor relación interpersonal con él.

Para favorecer la comprensión del niño sordo, se recomienda apoyarlo de manera especial y sistemática con diferentes recursos y materiales didácticos, que le permitan entender y utilizar los siguientes signos y conceptos con el fin de ampliar su desarrollo intelectual:

- Nociones espaciales (dentro, dónde, fuera, abajo...)
- Nociones temporales (cuándo, después, pronto, rápido, despacio...)
- Nociones causales (por qué, para qué...)
- Categorías (tamaños, colores, formas...)
- Preguntas concretas (qué hace, quién, cuándo)

Así, mediante la adquisición del lenguaje de señas el niño con discapacidad auditiva podrá ampliar su comunicación, contar con más recursos para expresarse, contar cuentos, seguir secuencias lógicas de acción, planificar juegos y actividades, comentar y recordar lo que hizo el día anterior, explicar lo que sucede en su entorno, comprender las consecuencias de los actos, identificar y expresar sus sentimientos, diferenciar entre diversas situaciones, etcétera.

En lo referente a la escuela, el niño sordo requiere durante gran parte del tiempo en que se encuentre estudiando, recibir atención individual por parte de los maestros que trabajan con él. Dichos maestros deberán, aparte de conocer el lenguaje especial que les permita comunicarse con este alumno, elaborar un programa de trabajo individual que contemple las necesidades particulares del pequeño para poder evaluar sus avances y detectar las áreas en las que necesita mayor apoyo.

Sin embargo, lo anterior no debe impedir la integración de estos niños a las escuelas regulares y, en cada caso en particular, se deberá buscar junto con la institución la forma más adecuada de atenderlo, tomando en cuenta sus condiciones y los recursos de la escuela.

RECOMENDACIONES GENERALES PARA TRATAR A UN NIÑO CON DISCAPACIDAD AUDITIVA

❀ Acercarse con cuidado al niño para ayudarle a comprender lo que se le está comunicando.

❀ Establecer lo más pronto posible contacto visual con el niño, colocando su cara frente a la suya a una distancia que le resulte cómoda.

❀ Hablar despacio y con claridad para que el niño pueda leer los labios, sin exagerar los movimientos de la boca. Es importante colocarse en un lugar bien iluminado.

❀ Utilizar frases breves y sencillas, así como buscar sinónimos para ayudarle a entender las palabras.

❀ Evitar taparse la boca, mascar chicle, comer o fumar, pues esto limitará la lectura de los labios.

❀ Intentar ser expresivo con los gestos y las manos sin exagerar estos movimientos.

❀ No levantar la voz, pues esto no ayudará a que el niño escuche mejor y en ciertas ocasiones se distorsionará el sonido.

❀ Utilizar papel y lápiz o recurrir a la mímica en los casos en que no sea posible establecer la comunicación de manera oral.

❀ Mantener en un volumen bajo los ruidos de fondo (la radio, la televisión o los aparatos de uso doméstico como la aspiradora y la licuadora), ya que pueden molestar al niño con esta condición o dificultarle comprender lo que sí es capaz de escuchar.

🌸 Repetir con paciencia lo que se quiere decir cuantas veces sea necesario hasta que el niño comprenda el mensaje.

JUGUETES QUE SE RECOMIENDAN PARA LOS NIÑOS CON DISCAPACIDAD AUDITIVA

Los niños sordos podrán utilizar la mayoría de los juguetes a su alcance; sin embargo, se les deberá explicar su uso en forma especial por medio del lenguaje que utilicen y comprendan mejor.

Es importante que los compañeros que jueguen con él se familiaricen con la condición del niño para que lo incluyan en su juego de la manera en que sea posible. Para esto, se recomienda la supervisión de un adulto, quien podrá adaptar las instrucciones y reglas de los juegos para que los mensajes que se intercambien también puedan ser escritos. Se sugiere conseguir juguetes que dispongan de control de volumen y salida para auriculares con el fin de adaptar el sonido al resto auditivo del niño.

Los efectos sonoros de los juguetes deberán acompañarse de efectos que pueda percibir con otros sentidos, por ejemplo, luces, imágenes claras, vibraciones, etcétera.

Es necesario fomentar que los niños con discapacidad auditiva realicen juegos simbólicos utilizando su medio de comunicación habitual, esto es que jueguen a representar actividades de la vida cotidiana como visitar al doctor, hacer la comidita, asistir a la escuela, comprar en la tiendita, llevar el coche al mecánico, etcétera.

DIRECTORIO DE INSTITUCIONES QUE ATIENDEN A PERSONAS CON DISCAPACIDAD AUDITIVA

Adiós a la Sordera (México)
www.adiosalasordera.com

Aparatos Auditivos
Teléfono 5615-0023

Asociación Audio Amigo, IAP
Teléfonos 5254-5229 y 5740-3070
audamigo@prodigy.net.mx

Asociación Pro Integración del Hipoacúsico, A.C
Emilio Carranza 74 bis
Col. Magdalena Contreras, México, D.F.
Teléfono 5645-2909
apih@dfi.telmex.net.mx

Centro de Audición, Lectura y Lenguaje Infantil, A.C. (CALLI)
Remolino 19 Col. Las Águilas,
Delegación Álvaro Obregón,
México, D.F.
Teléfonos 56-51-86-55 y 56-60-77-95

Centro de Apoyo Tecnológico para la Comunicación y el Aprendizaje
Teléfono: 4437-4645

Centro de Rehabilitación y Educación para Problemas de Comunicación Humana (CATIC)
Norte 81-A Col. Electricistas, México, D.F.
Teléfono 5352-4330
crepch@df1.telmex.net.mx

Centro de Servicios Auditivos
Teléfono 2615-3844

Centro Educativo Expresión y Libertad (IAP)
Teléfono 5745-4096

Centro Nacional de Rehabilitación
Calzada México Xochimilco 289
Col. Arenal Guadalupe,
Delegación Tlalpan, México, D.F.
Teléfono 5999-1000

Centros de Atención Múltiple (CAM) de la Secretaría de Educación Pública
Teléfonos 5588-9358 y 5588-0196

Clínica OIRA (Educación, Psicología y Salud) de la Universidad de las Américas, A.C.
Puebla 223 Col. Roma,
México, D.F.
Teléfono 5209-9800

Colegio Superior de Neurolingüística y Psicopedagogía, A.C.
Leonardo Da Vinci 56 y 58 Col. Mixcoac,
Delegación Benito Juárez, México, D.F.
Teléfono 5598-0694
colsup@interacceso.com.mx

Diccionario de Lenguaje de Señas Mexicano
María Esther Serafín de Fleischmann
Editorial Trillas, 2011

Enséñame, A.C.
Cuernavaca 153-A Col. Condesa,
Delegación Cuauhtémoc,
México, D.F.
Teléfono 5553-2203
lsm@goldratt.com.mx

Escuela para Lengua de Señas e Intérpretes
Universidad La Salle
Teléfono 5278-9500 Ext. 3075

Federación Mexicana de Sordos
www.galeon.com.femesor

**Grupo Integrado de Educación para el Hipoacúsico
(GIEH)**
Francisco Márquez 144 Col. Condesa,
Delegación Cuauhtémoc, México, D.F.
Teléfono 5553-0820

Grupo Tessera, A.C.
Citlaltépetl 23-2 Col. Condesa,
Delegación Cuauhtémoc, México, D.F.
Teléfono 5682-1379
paraclau@yahoo.com

Instituto Clotet
Escuela para sordos
Teléfono 5523-3060

Instituto Mexicano de Audición y Lenguaje (IMAL)
Progreso 141-A Col. Escandón,
México, D.F.
Teléfono 5277-6444

Instituto Pedagógico para Problemas de Lenguaje (IPPLIAP)
Poussin 63 Col. Insurgentes Mixcoac,
México, D.F.
Teléfono 5598-1120

Libre Acceso
Esther Serafín
Teléfono 5425-8590

Misa para sordos
Teléfono 5668-2964

Oirá y Hablará, A.C.
Antonio Maura 178 Col. Moderna,
México, D.F.
Teléfono 5590-0097

"Seña y Verbo"
Teatro para sordos
Teléfono 5211-6012

"Somos Hermanos"
Teléfono 5250-4172 Ext. 112

Unidades Básicas de Rehabilitación del DIF (UBR)
Teléfono 5575-6995

Otros países

Asociación Chilena de Sordos
(Chile)
www.asoch.cl

Central de Recursos para Sordos
(Brasil)
www.especial.futuro.usp.br

Centro de Recursos de Sordoceguera en Español
(Internacional)
www.sordoceguera.org

Confederación Estatal de Personas Sordas (CNSE)
(España)
www.cnse.es

Federación Venezolana de Sordos
(Venezuela)
http://fevensor.tripod.com.ve/

National Institute on Deafness and Other Communication Disorders
(Estados Unidos de América)
www.nidcd.nih.gov

Portal de Sordos
(España)
www.parasordos.com

Portal sobre Personas Sordas
(Argentina)
www.sitiodesordos.com.ar

Para quienes viven en la Ciudad de México o viajan a ella, se recomienda consultar en su delegación política las unidades de atención para personas con discapacidad auditiva.

Se recomienda también investigar acerca del término "Discapacidad Auditiva" en los buscadores de Internet, con el fin de encontrar artículos sobre el tema y contactar con sitios en los que se ofrece atención especializada para personas que viven con esta condición.

Discapacidad visual

El término *discapacidad visual* se refiere a la presencia de cualquier alteración o daño en el sentido de la vista de una persona, que le impide totalmente o le dificulta de manera parcial o en diferentes grados la capacidad de ver.

A lo largo de la historia, podemos observar que las palabras *ceguera* o *ciego* han tenido diversos significados que remiten a términos con significados negativos como oscuridad, tiniebla, negrura, turbio, oculto y otros similares.

Por desgracia, la difusión de estos conceptos ha contribuido a distorsionar la imagen que se tiene de las personas ciegas, no permitiendo que "se les vea" con naturalidad. Sin embargo, cuando se tiene la oportunidad de conocer a personas con esta condición, es fácil darse cuenta de que este concepto generalizado no corresponde con lo que ocurre en la realidad, ya que quienes viven con una discapacidad visual tendrán sus propias características y su personalidad particular que será única e irrepetible.

Se calcula que cerca de 180 millones de seres humanos presentan alguna forma de discapacidad visual. De éstas se considera que en 45 millones la ceguera es total y que 135 millones son débiles visuales.

En México, según las estadísticas, más de 700 mil personas presentan alguna discapacidad visual y se calcula que cerca de 17% de la población que vive con esta condición son niños y jóvenes.

Estas cifras nos indican, de manera evidente, que son muchas las personas con discapacidad visual en el mundo que requieren la aceptación y el apoyo de su entorno social, así como el interés por conocer la manera en que pueden llegar a adaptarse utilizando los medios necesarios para su vida cotidiana.

En la actualidad, las personas ciegas han logrado adquirir las habilidades necesarias para desenvolverse en los diferentes aspectos de la vida utilizando los apoyos indispensables para ello. No obstante, para que esto sea posible, se les deberá proporcionar, desde los primeros años de vida, la atención adecuada, así como enseñarles algunas técnicas que les permitan de diferente manera aprender a compensar sus deficiencias.

¿Cuáles son los tipos de discapacidad visual?

Los principales tipos de discapacidad visual son la ceguera y la debilidad visual.

La palabra ceguera se refiere a la ausencia total de la visión en una persona, la cual puede deberse a causas congénitas, malformaciones, alteraciones neurológicas, alguna enfermedad infecciosa, un accidente o deficiencias nutricionales.

Cuando se presenta la ceguera en un niño, éste no puede percibir su entorno visual o en algunas ocasiones en las que es capaz de captar ligeramente la luz y las sombras, no tiene la posibilidad de distinguir las imágenes que se encuentran a su alrededor.

En algunos casos, se encuentran alteraciones en la forma, el tamaño o el color de los ojos del niño, lo que puede llevar a considerar que existe una dificultad visual que permite establecer un diagnóstico. Sin embargo, otras veces no es fácil darse cuenta de que un niño es ciego hasta que comienza a crecer, momento en el cual podemos observar que no es capaz de mantener fija la mirada, que no logra encontrar un objeto, que no consigue mover por su propia voluntad los ojos o que comienza a presentar conductas que manifiestan dificultades para establecer contacto con los demás.

Hay otros síntomas en los niños con debilidad visual que indican que existe una alteración en este sentido, por ejemplo, cuando junta sus dos ojos en el centro, cuando cierra los ojos al salir del interior al exterior y cambia la intensidad de la luz, cuando gira la cara hacia la luz o se aleja de ella, cuando con frecuencia inclina la cabeza de cierta manera poco usual o cuando al desplazarse choca contra los objetos que se encuentran a su paso o en lugares altos o bajos.

El término que se conoce como debilidad o deficiencia visual, se refiere a la disminución de las funciones visuales en una persona, la cual persiste aun después de recibir un tratamiento con anteojos, lentes intraoculares o cirugías.

Esta condición puede ocasionar que las personas tengan dificultades para distinguir la claridad de la oscuridad, así como los colores y las formas, y esta situación varía de acuerdo con el grado de trastorno visual que presenten.

La debilidad visual tiene un curso particular en cada caso. En algunas ocasiones se mantendrá el mismo grado de discapacidad visual durante toda la vida de una persona; en otras, la visión aumentará y mejorará por medio de la estimulación visual, y en algunas más, la visión continuará deteriorándose hasta llegar a la ceguera total.

Por lo anterior, es muy recomendable que el niño con debilidad visual reciba desde muy pequeño la atención y la educación especial en el área visual, las cuales, en caso de ser necesario, le permitirán contar en un futuro con los elementos para desenvolverse de manera independiente en su entorno.

Se puede considerar también la siguiente clasificación con respecto a los tipos de discapacidad visual que existen: personas con ceguera desde el nacimiento y personas con ceguera adquirida durante el transcurso de la vida.

Las personas que tienen una discapacidad visual desde el nacimiento sólo han conocido su entorno con esta condición, por lo que están acostumbradas a vivir de esta manera. En estos casos, los padres y las personas responsables de educar a estos niños serán quienes les darán los elementos que requieran para facilitar su integración social.

Cuando un niño nace privado del sentido de la vista o lo pierde siendo aún muy pequeño, tiende a presentar un desarrollo precario y un contacto social limitado. En este sentido, se conocen las historias de algunos pequeños ciegos de nacimiento que aprenden a caminar hasta después de los tres años de edad, a comer por sí solos en etapas posteriores de la infancia y que acuden a la escuela con edades desfasadas de las que tienen sus compañeros de clase.

Sin embargo, hoy sabemos que un pequeño con ceguera tiene todas las posibilidades de desarrollarse y de establecer relaciones con las demás personas como lo hacen los niños de su edad; esto es, por supuesto, cuando se le apoya de la manera adecuada para lograr adquirir estas capacidades, cuando no se le sobreprotege y se le incluye en la convivencia con las demás personas desde que tiene edades tempranas.

La carencia o la disminución del sentido de la vista en un niño puede llevarlo a mostrar una limitación de la interpretación de su entorno social, así como a tener dificultades para integrar los estímulos externos, los cuales en estos casos llegan de manera incompleta al cerebro, ya que la información se percibe sólo con aquellos sentidos que funcionan adecuadamente.

De igual manera, se ha observado que la falta de visión, la cual es muy importante para establecer las relaciones humanas, interfiere en la relación que el niño sostiene con sus padres y como consecuencia, en las relaciones interpersonales que intenta formar después.

En tales casos, es indispensable aplicar al niño un programa adecuado de estimulación temprana que propicie su desarrollo normal en las demás áreas: motora, auditiva, cognitiva, social y afectiva, las cuales, aunque no presentan alteraciones en un inicio, si no se utilizan pueden llegar a atrofiarse con el tiempo.

Asimismo, será necesario que un especialista acuda a la casa del niño cuando se identifique una discapacidad visual, para evaluar el entorno social y físico donde crecerá, con el fin de indicar a los padres las adecuaciones que se requiere realizar en su recámara, en su baño y en las demás habitaciones del hogar, así como para sugerir actividades de juego y de aprendizaje que favorezcan su adaptación social y su independencia.

Una vez que concluye esta etapa, el niño se integrará a la vida escolar, ya sea en planteles especializados para niños ciegos o en centros escolares regulares con el apoyo de un maestro especializado 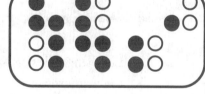 en educación tiflológica, quien podrá asesorarlo en el aprendizaje de las diferentes asignaturas.

Es imposible saber con precisión el grado de visión que tendrá un niño con discapacidad visual cuando sea mayor, hay que esperar a que crezca para tener esta información. Sin embargo, durante ese tiempo de todas formas habrá que brindarle de manera constante la atención adecuada para ayudarlo a desarrollarse en las demás áreas.

En el caso de las personas que por diversos motivos, como accidentes o enfermedades, pierden el sentido de la vista en etapas posteriores a la infancia, se ha observado que su proceso de rehabilitación física resulta en general más sencillo que cuando se trata de personas ciegas de nacimiento.

Esto se debe a que sus demás sentidos y funciones se han desarrollado más plenamente.

No obstante, cuando alguien deja de ver de manera repentina, recibe un impacto emocional muy fuerte que no favorece su rehabilitación, dado que se siente imposibilitado para continuar con las actividades de su vida cotidiana. Una vez que la persona ciega asimila y acepta de cierta manera su nueva condición, en la mayoría de los casos logra aprender cómo desarrollar sus demás capacidades para poder reintegrarse a su entorno social de una nueva forma. En estos casos el apoyo de la familia, de los especialistas que atienden a estos pequeños y del entorno social, será fundamental para que se logre su adaptación e integración de la mejor manera posible.

CAUSAS DE LA DISCAPACIDAD VISUAL

Las principales causas de la ceguera de nacimiento o durante los primeros años de vida de un niño son: malformaciones congénitas, inmadurez, surgimiento de enfermedades infecciosas durante el embarazo o cuando el niño es muy pequeño, ingesta de medicamentos inadecuados en el periodo de gestación, accidentes, exposición de los ojos a estímulos fuertes de luz o a ciertas sustancias tóxicas, daños neurológicos y deficiencias nutricionales.

Por otra parte, las principales causas de la discapacidad visual en etapas posteriores a la infancia son enfermedades como glaucoma, diabetes, cataratas o algunas infecciones; la edad avanzada o la vejez que provocan en algunos casos un deterioro de la visión; accidentes por traumatismos craneales o daño directo en la zona de los ojos, así como exposición a estímulos fuertes de luz o a ciertas sustancias tóxicas.

Como se puede observar, algunas de las causas de la discapacidad visual en las personas se pueden prevenir cuando se cuenta con información suficiente y se toman las precauciones necesarias para ello. Por esto, debemos procurar cuidar de la salud en general y evitar exponer los ojos a situaciones de riesgo que pueden afectar el sentido de la vista.

¿Qué hago con un niño con discapacidad visual?

El hecho de que en una familia haya un niño con discapacidad visual, crea una situación que ocasiona dolor y dificultades de aceptación, sobre todo en los padres, ya que ellos son los primeros que tendrán que hacer frente a la condición de su hijo y brindarle una atención especial, en particular durante sus primeros años de vida.

Esta atención temprana será imprescindible para poder establecer una relación adecuada con el niño y para favorecer el desarrollo de todos sus sentidos, lo que promoverá su crecimiento, independencia y conocimiento del entorno.

Los padres de un niño ciego se encuentran con una dificultad muy particular para relacionarse con su hijo, debido a que no pueden establecer contacto visual. Esto ocasiona temor al no sentir-

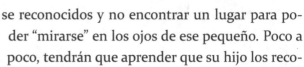 se reconocidos y no encontrar un lugar para poder "mirarse" en los ojos de ese pequeño. Poco a poco, tendrán que aprender que su hijo los reconocerá de otras maneras, por medio de su voz, de su olor y de los demás sentidos que le permitirán saber quiénes y cómo son sus padres.

Asimismo, deberán tomar en cuenta que los niños con esta condición tienen las mismas necesidades de afecto, de alimentación, de disciplina, de comprensión, de aprendizaje y de obtención de independencia que los demás pequeños de su edad.

Una vez que se sabe que un niño es ciego o tiene alguna debilidad visual, se tendrán que considerar ciertos aspectos y adaptar los espacios y materiales que requiera utilizar, para que poco a poco pueda realizar sus actividades cotidianas como lo hacen sus compañeros.

Es necesario que un niño con esta condición busque acercarse mucho a los objetos e intente conocerlos de la manera en que le sea posible, utilizando los sentidos que sí le fun-

cionan adecuadamente, en este caso el tacto, el olfato, el oído y el gusto.

Los papás de un niño con discapacidad visual tienen que permitir y promover que su hijo escuche los diferentes sonidos, realice muchas preguntas, exprese su curiosidad y se acerque a los objetos. Habrán de enseñarle con paciencia cómo funcionan las cosas, indicarle los riesgos que existen a su alrededor, permitirle experimentar por sí mismo la realización de diferentes actividades y considerar que él no sabe que tiene una discapacidad visual, por lo que se le deberá explicar poco a poco cómo es su condición particular en la medida en que le sea posible comprender lo que le ocurre.

De igual modo, los padres tendrán que observarse con cuidado a sí mismos para poder tomar una mayor conciencia del funcionamiento de sus propios sentidos y así, mediante su experiencia personal, comprender mejor lo que le pasa a su hijo y encontrar la manera adecuada para acercarse a él.

Aun cuando en un principio esto suele ser difícil, puede ser útil cerrar los ojos e intentar acercarse al mundo cotidiano dejándose guiar por los demás sentidos. Resulta esencial que los padres de un niño ciego descubran la importancia de su propio tacto, de su voz, de sus palabras, de los olores y de los sabores, así como de los efectos que cada uno de estos sentidos tiene en las demás personas.

Los padres y las personas que se encuentren cerca de un niño con discapacidad visual tendrán la posibilidad de conocer al mundo de otra manera, de aumentar su  sensibilidad, de captar algunas cosas que casi siempre pasan desapercibidas, de sentir el cuerpo de otros, de aprender a observar su entorno con más detalles, de detenerse a describir lo que casi siempre se ve con rapidez o lo que por lo común no se alcanza a ver.

Recordemos que a un niño con esta condición hay que proporcionarle los medios necesarios para estimular el desarrollo de los sentidos que sí le funcionan y permitirle sentirse seguro consigo mismo para que así, en el momento en que esté preparado para hacerlo, tenga la posibilidad de salir a conocer el mundo con sus propios medios e iniciar así su proceso de independencia.

Un bebé con discapacidad visual no puede percibir el rostro de sus padres, pero sí podrá tocarlo. También sentirá las caricias, el calor y las diferentes texturas de la piel y los objetos que estén cerca, podrá diferenciar la postura en la que se encuentre su cuerpo, será capaz de percibir los diferentes olores y sabores que le sean familiares, y podrá escuchar los sonidos de su propio cuerpo, de su entorno, así como los sonidos corporales de quien lo tenga en sus brazos.

La voz es un referente importante para cualquier bebé y en el caso de un pequeño que no puede ver, ésta será un instrumento fundamental para lograr establecer una relación con él, ayudarlo a ubicarse, acompañarlo, ayudarlo a crecer y enseñarle el mundo.

Un niño con esta condición requiere que se le describan en detalle las personas y los objetos que están cerca y también los que se encuentran lejos. No debemos olvidar que los ciegos sí tienen capacidad de imaginar —incluso más cosas de las que imaginamos quienes sí podemos ver— y también tienen la capacidad de soñar.

Con el propósito de que un niño con discapacidad visual logre ubicar su entorno y aumentar su comprensión y seguridad, es vital hablarle constantemente sobre lo que ocurre a su alrededor, ya que en la medida en que sea capaz de identificar a las personas y a los diferentes objetos y situaciones que lo rodean, le resultará más sencillo participar en su entorno y tendrá la posibilidad de abordar y conocer acerca de diversos temas.

Así pues, hay que describirle con constancia y en detalle las acciones que se están realizando, comunicarle cuándo es de día y cuándo es de noche, presentarlo con las personas cuando llegan y procurar que se despidan de él cuando se retiren, darle seguridad procurando acompañarlo cuando se encuentre en lugares desconocidos, anticiparle en lo posible las actividades que va a realizar, escucharlo y responderle con cuidado para que mantenga el interés en buscar alternativas que le permitan comunicarse de diversas formas.

También será necesario colocar al niño con esta condición en las posturas corporales adecuadas a su edad y estar pendiente de que se le cambie frecuentemente de posición, para que tenga la posibilidad de desarrollar su motricidad de manera adecuada. Con el fin de lograrlo, un especialista en estimulación temprana o un terapeuta visual podrá organizar un programa adaptado para estos casos.

Se debe examinar el lenguaje que se utiliza a diario para comunicarse con el niño, procurando evitar el uso de palabras que puedan confundirlo y buscando siempre transmitir

con claridad lo que se le quiere decir. También se recomienda buscar tonos y formas creativas de comunicación que permitan atraer la atención del niño con mayor facilidad. El volumen de la voz debe ser igual que el que se utiliza con cualquier persona, no es necesario gritarle a un pequeño que no puede ver para que escuche.

Los niños con discapacidad visual necesitan también tener la posibilidad de tocar los objetos y a las personas con sus manos, pues será de esta manera como podrán conocerlos con mayor detalle. Por lo mismo, es importante permitir que tengan estas experiencias frecuentemente.

Con referencia al acomodo de la casa de un pequeño con discapacidad visual, se deberá procurar que los objetos que utiliza se encuentren ordenados en un mismo lugar para que pueda ubicarlos con más facilidad, así como mantener las puertas en una misma posición, ya sea abiertas o cerradas, para que se desplace con seguridad.

Se recomienda también colocar un material metálico en las escaleras con el fin de que se escuche con claridad cada paso, así como colgar pequeñas campanas en los marcos de las puertas o en los lugares que se considere necesario, pues en estos casos el sonido que emitan estos materiales e instrumentos funcionará como una guía que permitirá una mejor ubicación de quienes viven con esta condición.

Cuando se acompañe a un niño con discapacidad visual a la calle o a lugares desconocidos, se recomienda ofrecerle el brazo para que lo tome y siga los movimientos, procurando caminar a su ritmo, sin presionarlo.

Una pregunta que con frecuencia se hacen los padres de los niños con discapacidad visual es ¿qué es lo que puede ver mi hijo? Será difícil conocer la respuesta con precisión, pero puede servir contar con un informe médico en el cual se mencione en detalle el resultado de los exámenes practicados, para tener una idea de cuáles son sus dificultades visuales. Asimismo, hay que esperar a que el niño adquiera la madurez física que le permita hablar y describir lo que puede ver, tanto de manera verbal, como mediante los movimientos de su cuerpo y sus gestos, expresión conocida como comunicación no verbal, la cual será muy importante observar con cuidado en estos casos.

Es relevante tomar en cuenta que los niños con discapacidad visual, aun cuando no pueden ver, sí tienen la capacidad de imaginar y esto puede abrirles nuevas posibilidades de desarrollo.

Si bien es cierto que los padres de un niño con esta condición tendrán que realizar un esfuerzo especial para apoyar a su hijo en su desarrollo, deben saber que si desde pequeño le brindan los medios y las herramientas que necesita para valerse por sí mismo, cuando sea adulto tendrá la posibilidad de realizar muchas actividades y de llevar una vida independiente.

Diversas escuelas y asociaciones ofrecen espacios para que las personas con discapacidad visual desarrollen sus aptitudes artísticas; algunas de ellas ofrecen círculos de lectura, cine y hasta cursos de fotografía especiales.

En la actualidad, los ciegos han logrado grandes avances en cuanto a su participación activa en la sociedad. Por consiguiente, cada vez encontramos a más personas con esta condición que logran vivir solas, establecer relaciones de pareja, desplazarse en el sitio donde viven, transportarse de manera independiente, estudiar una carrera universitaria y obtener un trabajo.

EL DESARROLLO DEL BEBÉ CON DISCAPACIDAD VISUAL

Durante sus primeros meses de vida los niños con discapacidad visual alcanzarán un desarrollo muy parecido al que tiene un bebé que sí puede ver. La relación inicial del bebé con su mamá y después con su entorno social se establecerá por medio de los demás sentidos, esto es recurriendo al tacto, la voz, los olores y los sabores.

Se recomienda de manera especial que los bebés con esta condición reciban durante estos primeros meses de vida sesiones de masaje que les permitan conocer e integrar todas las partes de su cuerpo, relajarse, así como disfrutar de la cercanía y del contacto con los demás. Es conveniente que los masajes sean realizados por personas cercanas al bebé, de preferencia su mamá, y que antes de iniciar esta actividad se le ponga música para ayudarle a relajarse. Hay que cerciorarse de que en el momento de recibir los masajes no tenga hambre, sueño u otros malestares que le impidan disfrutarlos. Hay que evitar hacer el masaje en la zona de las articulaciones debido a que pueden lastimarse, cuidar que los movimientos sean suaves, en orden ascendente y terminar integrando con ambas manos todo el cuerpo del bebé.

Posteriormente, se sugiere que con aceite de almendras o alguna crema humectante en las manos que resulte agradable, se toque cada parte del cuerpo del bebé empezando por los dedos de los pies, las piernas, la cadera, el pecho, los brazos, las manos, la espalda, la cabeza y, con mucho cuidado, la zona de la cara.

Si el bebé se resiste a recibir estas sesiones de masaje, debe intentarse practicarlos con más cuidado, hablarle de lo que se le está haciendo o posponerlo para otro momento más adecuado.

Un bebé que no puede ver es capaz de llevar un proceso de alimentación sin dificultades cuando es muy pequeño y le acercan el alimento a la boca, pues tendrá la capacidad de succionar la leche sin dificultad y de digerir las papillas que se le preparen. Se recomienda anticiparle verbalmente lo que va a comer y enseñarle los diferentes tipos de alimentos, describiéndole su color, sabor, temperatura y textura.

Una vez que logre sentarse por sí solo, se le pueden ofrecer en las manos galletas o pedazos de fruta para que aprenda a llevarse la comida a la boca.

En estos casos, utilizar el sentido del olfato ayudará también al bebé a conocer y distinguir los diferentes alimentos por medio de su aroma.

Más adelante se le enseñará a beber agua, así como a comer con la cuchara papillas, gelatinas y otros alimentos que se puedan tomar de manera sencilla, procurando aumentar la dificultad de esta actividad en la medida en que logre lo que se le indica (cuando utilice adecuadamente la cuchara se le podrá enseñar a usar el tenedor, después a partir sus alimentos, etcétera).

Se ha observado que, al crecer, los bebés con discapacidad visual pueden experimentar algunas dificultades en su desarrollo motor porque, debido a que no pueden ver, no tienen la posibilidad de imitar los movimientos de los demás y no llegan a desarrollar su curiosidad de manera espontánea para acercarse a conocer los objetos. En dichos casos, será muy importante estimular el cuerpo del bebé al tocarlo frecuentemente y colocarlo con cuidado en las posiciones que convengan para ayudarlo a desarrollarse mejor.

Durante los primeros meses de vida se recomienda poner al bebé en la cama en posición boca abajo para que intente levantar la cabeza y tomen fuerza los músculos de esa zona. También se sugiere cargarlo en posición vertical para que comience a ubicar el espacio en esta posición y cambiarlo con frecuencia de habitación, de modo que conozca y se familiarice con diferentes lugares.

Los movimientos del niño se estimulan con sonidos de sonajas, con cajas de música y con la voz, para que intente buscar con las manos y después con el cuerpo la fuente que produce los ruidos; así se propiciará su desarrollo motor. Tratándose del niño con discapacidad visual hay que aprovechar cualquier oportunidad para promover su desarrollo y no esperar a que esté presente la iniciativa para realizar nuevos movimientos.

Es común que el desarrollo motor de los niños ciegos sea más lento que el de un pequeño que sí puede ver. Sin embargo, con la estimulación adecuada desde los primeros meses de vida, poco a poco podrá aprender a sostener su cabeza, a sentarse sin ayuda, comenzará a gatear y se podrá poner de pie para caminar, hasta llegar a tener un desarrollo motor casi normal.

Para lograrlo, se deberá trabajar intensamente con el bebé mediante un programa de estimulación temprana e incluso con un terapeuta físico, el especialista indicado para enseñarle a colocar su cuerpo en las posturas correctas, así como apoyarlo para adquirir una adecuada coordinación que le permita utilizar de forma óptima todos sus demás sentidos, sobre todo el tacto y el oído.

Es de gran relevancia proporcionarle al bebé mucha confianza cuando realiza sus actividades y para que esto sea posible, los padres deberán dejar a un lado los temores que surgen cuando se tiene a un hijo que no puede ver.

Será necesario ayudar al bebé para que establezca una relación muy fuerte y cercana con sus padres, quienes le ofrecen la seguridad que requiere para enfrentarse al mundo. En forma simultánea, se le tendrá que permitir tener experiencias que promuevan su independencia, con el fin de que pueda explorar su entorno y aprenda a relacionarse con otras personas.

Se sugiere colocar en la mano del bebé juguetes u objetos que pueda manipular y después enseñarle nuevo material, dejando los primeros como punto de referencia. Será también recomendable aumentar poco a poco la dificultad de las actividades al acomodar algunos objetos frente a él y después pedirle que los identifique, enseñándole a la vez los diferentes tamaños, texturas y demás aspectos.

Conviene permitir a un bebé con discapacidad visual que explore detenidamente los objetos que tenga a su alcance, que los chupe, los muerda, los huela, los manipule y escuche cómo se llaman, dado que ésta será la manera en la que aprenderá a conocerlos.

Durante este periodo, el niño con esta condición sufrirá con frecuencia pequeños accidentes que le enseñarán a ubicar los espacios, así como a conocer su entorno. Aun cuando esto es difícil de aceptar, será necesario que los padres permitan, siempre con supervisión, que su hijo viva estas experiencias para ayudarlo a crecer.

Para que el bebé ciego consiga sentarse, es recomendable colocarlo en una colchoneta firme donde pueda mantener el equilibrio y no lastimarse si llegara a caer, sujetando con firmeza su espalda y llamando su atención para que logre nuevos movimientos. Antes de intentar que el bebé se mantenga en esta posición se sugiere realizar ejercicios que favorezcan su equilibrio, por ejemplo, balancearlo en una pequeña hamaca, mecerlo en los brazos, rodarlo de un lado a otro acostado sobre su propio cuerpo, etcétera.

Una vez que el bebé con discapacidad visual sea capaz de mantenerse sentado, será importante estimularlo por medio de diferentes sonidos y con pequeños premios que llamen su atención, para que intente dirigirse hacia estos objetos.

Puede ser útil también colocarlo en posición boca abajo para promover que inicie en su momento el gateo, el cual le ayudará a ampliar en forma considerable su campo de exploración.

Posteriormente, habrá que promover que el niño se ponga de pie y logre caminar, para lo cual es necesario acompañarlo, tomarlo de la mano para que se sienta seguro y a la vez enseñarle y describirle cómo es su entorno. Después, poco a poco se soltará, reemplazando la presencia de los padres con instrumentos de apoyo como barras, muebles o bastones que le permitan desplazarse con seguridad y así alejarse cada vez más de las personas que le proporcionan seguridad.

Durante la época en la que se inicia el movimiento del bebé, será necesario estar muy pendiente de él para cuidarlo de los riesgos que se le pueden presentar, así como motivarlo para que aumente su conocimiento del medio, su seguridad y su independencia.

Hay que procurar que su ambiente sea estable, mantener los objetos en un lugar fijo en donde puedan encontrarse con facilidad, y describirle verbalmente las actividades que realiza y lo que está sucediendo.

De esta manera, el niño comenzará a dominar el lenguaje que será una herramienta fundamental para el desarrollo y la vinculación con su entorno.

Se ha observado que cuando los bebés con discapacidad visual comienzan a balbucear disfrutan mucho al poder escuchar su propia voz. Asimismo, al pronunciar sus primeras palabras, en ocasiones éstas no corresponden con los objetos que pretenden nombrar, hasta que poco a poco, después de varias repeticiones, logran utilizar las palabras con su significado.

Posteriormente adquirirán la capacidad de ampliar los conceptos, hasta que en la mayoría de los casos consigan expresarse como lo hace cualquier persona que sí puede ver. Incluso es común observar que los ciegos adquieren un manejo del lenguaje especialmente correcto y llegan a utilizar un vocabulario muy amplio.

Cuando el niño con discapacidad visual adquiere la capacidad de desplazarse y comienza a hablar, será el momento adecuado para que aprenda a ir al baño. Al enseñarle este proceso conviene describirle las sensaciones corporales que le permitan anticipar e identificar esta necesidad, acomodar su cuerpo en el sanitario de manera que pueda realizar esta actividad, acompañarlo para que mediante el tacto conozca la ubicación y el tamaño de su baño, así como los sonidos que se producen en el agua cuando se utiliza un escusado.

De igual manera, se le deberá enseñar los procesos que se requieren para aprender a asearse, para lavarse las manos, para bañarse y arreglarse, teniendo especial cuidado en que aprenda a templar el agua. También se recomienda utilizar frascos de plástico con tapas lisas y fáciles de abrir, para evitar accidentes.

Los niños ciegos que reciban la estimulación adecuada desde pequeños, podrán adquirir un desarrollo similar al de un pequeño de su edad que sí puede ver, sólo que tardarán más tiempo en lograrlo y mostrarán algunas dificultades para realizar y coordinar algunos movimientos, los cuales deberán efectuarse con un ritmo más lento y con mayor cuidado para evitar lastimarse.

¿Qué más se puede hacer para estimular a un niño con discapacidad visual?

Parece que las acciones como tocar, jugar, mover, besar, acariciar y mantener contacto con las manos del bebé que presenta una discapacidad visual, sustituyen en cierta medida la pérdida de la mirada y del contacto visual. Por esto es recomendable que se le permita manipular diversas texturas de telas, materiales y objetos, con el propósito de que aprenda a identificarlos.

Es importante diferenciar la atención que requieren los niños con una debilidad visual de aquellos que no pueden ver, ya que los primeros sí logran percibir algunas imágenes, formas y dimensiones; por ello, habrá que buscar las alternativas más adecuadas para su desarrollo, tomando en cuenta su condición particular.

Para estimular el desarrollo de un niño con discapacidad visual será necesario que los padres y educadores realicen una serie de ejercicios y actividades que favorecerán su aprendizaje e interacción con su entorno.

Para esto, es útil colocar en las muñecas del niño pequeños cascabeles con sonidos distintos para ayudarle a percibir el ruido y a aprender a seguir los movimientos. También se pueden colgar en su casa móviles con sonido y colores llamativos, los cuales será importante variar con frecuencia para que conozca diferentes modelos.

Se recomienda colocar al bebé con discapacidad visual frente a una pelota tratando de que apoye sus manos en ella, para favorecer así la buena postura de su espalda que le permitirá aprender a sentarse adecuadamente.

Es importante estimular los movimientos del bebé cuidando que se sienta seguro. Para esto hay que enseñarle a desplazarse sentado sobre el suelo, mostrándole una pelota que emita sonidos y que él intente localizar con su propio cuerpo.

El gateo sobre la cama o en una escalera pequeña le permitirá a este bebé adquirir una adecuada ubicación espacial, identificando su postura y la distancia, y evitando posibles accidentes.

Cuando se alimenta al bebé con discapacidad visual, debemos permitir que toque y huela la comida antes de ingerirla, pues esta exploración le ayudará a reconocer los diferentes alimentos.

Es necesario dar a conocer al niño con esta discapacidad diferentes estímulos sonoros, como el timbre, el despertador y el radio con el fin de que los integre en su cerebro.

Recuerde la importancia de hablarle a un bebé con discapacidad visual cerca del oído, colocando la boca junto a su mejilla, para que comprenda que se le está hablando a él y se sienta seguro y tranquilo. También conviene hablarle cuando se encuentre boca arriba, tomándole de las manos para que toque nuestra cara y boca mientras platicamos con él.

Es recomendable estimular la visión de este niño con cambios de luces que llamen su atención para promover un seguimiento visual adecuado. Para esto, se sugiere colocar cerca de él objetos envueltos con foquitos de Navidad que se enciendan y apaguen de manera alternada. También, será útil trabajar con linternas forradas con papel celofán de colores como el amarillo y el rojo, así como con espejos que produzcan intensos reflejos, para que perciba los contrastes de tonos vivos y brillosos.

Asimismo, se sugiere que tome el baño con sus papás para sentir cerca su cuerpo y que esto le proporcione seguridad; así podrán aprender a chapotear y jugar en el agua, lo cual será otro medio que favorecerá su estimulación.

Cuando un bebé con dificultades para ver sonríe, será valioso hablarle y acariciarlo para reforzar esta conducta que favorecerá su socialización con los demás.

Después del segundo semestre de edad, se pueden iniciar juegos de búsqueda con una caja de música que ayudarán al niño a orientarse con su sonido en el espacio.

Es imprescindible no dejar a este niño solo durante tiempos prolongados, sin estímulos táctiles o auditivos, pues esto tendría como consecuencia la presencia de conductas estereotipadas y de autoestimulación que no promueven su desarrollo físico y emocional.

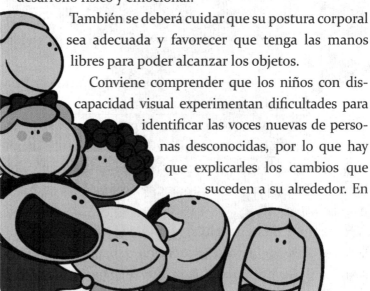

También se deberá cuidar que su postura corporal sea adecuada y favorecer que tenga las manos libres para poder alcanzar los objetos.

Conviene comprender que los niños con discapacidad visual experimentan dificultades para identificar las voces nuevas de personas desconocidas, por lo que hay que explicarles los cambios que suceden a su alrededor. En

este sentido, será hacer ruido antes de entrar a su habitación para evitar sorprenderlo y asustarlo.

Para aumentar su seguridad, es importante cargarlo con suavidad y tocarlo para que sepa que estamos con él, así como ayudarle a anticipar las situaciones que se van a presentar. Para iniciar este proceso, se propone acercarle los objetos que le anunciarán las actividades que realizará; por ejemplo, cuando se le va a bañar, ponerle antes una toalla en las manos o acercarle el jabón a la nariz, o cuando va a comer, colocarle un babero o agitar la mamila para que al escuchar el sonido logre anticipar que va a recibir alimentos.

En estos casos es útil seguir un orden preciso en las actividades diarias del niño, como el aseo, comidas, siestas y paseos, ya que la rutina le brindará seguridad y le ayudará para ser ordenado. Esto es indispensable para que adquiera independencia, aun con su condición. También se deberá tener el cuidado de colocar los objetos que se utilizan siempre en el mismo lugar, para que el niño sepa dónde encontrar lo que busca.

Además de estas recomendaciones, se propone que el pequeño con esta discapacidad inicie lo más pronto posible un programa de estimulación temprana como cualquier bebé de su edad, cuidando de hacer las adaptaciones necesarias al material o a los ejercicios adecuados para que el niño pueda realizar estas rutinas y aprenda a adaptarlas a su vida.

Por último, tengamos en mente que cada niño es diferente y que en cada persona que se presente la discapacidad visual, ésta se manifestará en diferentes grados. Comprender lo anterior contribuirá para ajustar las expectativas que se tienen de ese niño y para encontrar la mejor manera de apoyarlo.

¿Qué apoyos requieren los niños con discapacidad visual?

Los niños con discapacidad visual requieren adquirir las habilidades y destrezas necesarias para poder utilizar los apoyos que les permitan desenvolverse en su entorno con la mayor independencia posible.

La tiflología, es decir el estudio de los ciegos, nos ofrece cada vez más perspectivas nuevas y mejores que promueven la integración de estas personas a la educación, al trabajo, al esparcimiento y a la adquisición de la igualdad de derechos y responsabilidades en la sociedad a la que pertenecen.

El tratamiento que requiere un niño ciego o con debilidad visual de nacimiento es muy distinto del que necesita el que pierde la vista durante otro momento de la infancia; en el primer caso, el niño se puede desenvolver con más facilidad utilizando los apoyos necesarios para lograr su desarrollo debido a que ésta es la única manera de vivir que conoce.

En este sentido, es interesante escuchar la experiencia que relatan algunos ciegos de nacimiento que tuvieron la posibilidad de ver durante la infancia o en la adolescencia, después de ser sometidos a intervenciones quirúrgicas. Refieren que imaginaban que el mundo era mejor cuando no podían verlo y que además les resulta difícil adaptarse a su nueva condición.

Los niños que nacen privados del sentido de la vista tienden a presentar un desarrollo precario y un contacto social limitado cuando no se les ofrecen los medios necesarios para desarrollarse adecuadamente aun con su condición. Por ello, es vital que desde pequeños se les trate con la mayor naturalidad posible, procurando intensificar el uso de los demás sentidos tanto propios como de los adultos que lo acompañan; así podrá ayudársele con mayor eficacia.

Este niño requiere las mismas oportunidades para desarrollarse que los demás pequeños de su edad. Para ello, necesita establecer una relación cercana con sus padres y con su familia, así como tener la posibilidad de asistir a una escuela regular y a una especial donde se le enseñe a utilizar ciertos apoyos como son el sistema Braille, los perros guía y el bastón blanco.

Para aumentar su desarrollo, también pueden utilizar herramientas actuales como computadoras adaptadas para personas con discapacidad visual, aparatos que hablan como elevadores que indican el nivel en que se encuentran y calculadoras con sonido, así como participar en funciones de cine para ciegos y en otras actividades que facilitan y enriquecen la vida de estas personas.

Sistema Braille

El sistema Braille fue creado en Francia en 1825 por Louis Braille, quien perdió la vista cuando era pequeño. Su padre tenía un taller de talabartería y utilizaba herramientas afiladas para cortar y perforar el cuero. Un día, cuando Louis tenía tres años y jugaba con uno de estos instrumentos, se lesionó un ojo, la herida se infectó y afectó su visión llegando en poco tiempo a perder la vista por completo a pesar de las intervenciones de los médicos.

La madre de Louis se dedicó a leerle libros en voz alta. El niño era muy inteligente y continuó su educación con un maestro que intentaba que memorizara los textos que se le leían.

Sin embargo, este método fue insuficiente e ingresó al Instituto Real de Jóvenes Ciegos, donde tuvo acceso a los libros para las personas con discapacidad visual que había en aquel momento, diseñados a finales del siglo XVIII por Valentín Haüy. Estos libros tenían grandes letras comunes realzadas con alambres por lo que resultaban muy pesados y costosos.

El ingenio y la creatividad de Louis Braille, quien estaba interesado en leer, se puso en marcha cuando conoció un código alfabético usado por el ejército francés para mandar mensajes secretos. El código consistía en una serie de puntos y guiones escritos en relieve sobre el papel, los cuales podían ser descifrados al pasar los dedos sobre los signos. A partir de esta idea, dedicó gran parte de su tiempo a crear un alfabeto que permitiera a los ciegos leer y escribir a través del tacto.

En 1827 se publicó el primer libro impreso en Braille y a partir de ese momento se fue extendiendo el uso de este método en diferentes regiones, hasta llegar a ser conocido en casi todos los países del mundo.

El sistema Braille está formado por un código de seis puntos con relieve que, combinados de diferente manera, significan cada una de las letras del alfabeto y de los números. Las personas con discapacidad visual pasan las manos sobre el papel y mediante el tacto identifican el significado del texto. Este sistema puede aplicarse en cualquier idioma y de acuerdo con cada país se realizan ciertas modificaciones en la acentuación de las vocales y en algunos signos de puntuación.

Para escribir, se utiliza un instrumento de mango de madera con punta de metal llamado pinzón, con el cual las personas con discapacidad visual realizan su escritura perforando el papel con este instrumento por un lado. Al voltear la hoja, el relieve queda al reverso y así puede ser leído al pasar los dedos sobre el papel.

Recurriendo a este método, las personas con discapacidad visual pueden leer cualquier tipo de material. En la actualidad hay libros de texto y numerosas obras literarias que les permiten aprender y desarrollar su cultura como lo puede hacer cualquier persona. Para lograr esto, se requiere la capacitación oportuna de un maestro especializado que se encuentre entrenado para enseñar este método.

El sistema Braille se utilizó también en máquinas de escribir y en imprentas. En los últimos años surgieron computadoras que también están adaptadas para este sistema, con las que las personas con discapacidad visual tienen acceso a este medio.

Cada vez es más común encontrar letreros e indicaciones en Braille y se espera que este sistema se extienda de manera creciente para promover la integración de las personas con discapacidad visual en la sociedad.

Los niños con esta discapacidad pueden aprender el sistema Braille desde la infancia para adquirir los conocimientos que se imparten durante la educación preescolar y primaria.

Para ello funcionan escuelas especiales para niños con discapacidad visual donde las clases se imparten con este método y algunas escuelas regulares que cuentan con profe-

sores especializados o que permiten la participación de un docente de apoyo, quien asiste a estos pequeños para que puedan aprender con este sistema, a la vez que se integran en el grupo de niños que no presentan esta discapacidad.

En la actualidad se pueden encontrar diversos textos infantiles escritos en Braille y audiolibros que permiten a los niños que viven con esta condición, además de aprender, conocer historias y cuentos que les ayudarán a desarrollar su imaginación.

LOS PERROS GUÍA

Los perros guía son perros con características especiales que tienen la función de hacer las veces de los ojos de su amo con discapacidad visual. Estos perros son entrenados para conducir a las personas que viven con esta condición en sus actividades cotidianas, con el fin de que puedan desplazarse por las calles, por avenidas transitadas, por las estaciones de metro, por las escaleras y elevadores de edificios. Asimismo, les ayudan a esquivar obstáculos, utilizar medios de transporte y cruzar puentes peatonales.

Los perros guía también apoyan a su amo para que pueda llegar con precisión a los lugares que visitan con frecuencia, como su centro de trabajo, el banco, la escuela y las casas de familiares o amigos, entre otros.

Los orígenes del adiestramiento de los perros guía se remontan al año de 1827, en Austria, donde Joseph Resinguer, después de quedar ciego a los 17 años de edad, entrenó a sus tres perros para que lo condujeran en todos sus desplazamientos.

Algunos años después, se publicó en Viena el primer manual para adiestrar perros de asistencia. Sin embargo, fue hasta después de la Primera Guerra Mundial, debido a los centenares de soldados que perdieron la vista en esa época, que el médico Gerthard Stalling fundó la primera institución dedicada al entrenamiento de perros guía en Alemania.

En la actualidad, existen centros de adiestramiento en la mayoría de los países desarrollados como: Estados Unidos, Francia, Inglaterra y Japón, los cuales cuentan con un amplio número de escuelas.

Desde 1997, opera en México la escuela de perros guía, primera en su género en América Latina, lográndose de este modo una mayor integración de las personas con discapacidad visual de nuestro país en la sociedad.

Para entrenar a un perro guía, por lo general se eligen ciertas razas de ejemplares caninos como los perros labrador y los golden retriever, debido a que estos animales tienen los rasgos de carácter que se necesitan para adiestrarse con este fin.

Se requiere que los perros guía sean obedientes, serenos, con un adecuado equilibrio anímico y sociables, para poder adaptarse sin dificultad a los diferentes ambientes en los que participa su dueño. Los también llamados "lazarillos" deben ser perros saludables, con una buena nutrición y de tamaño mediano.

Los criadores de perros guía se dedican a buscar ejemplares con las características mencionadas para cruzarlos y obtener cachorros aptos para ser entrenados desde esta edad, de modo que aprendan lo mejor posible su función.

En una primera etapa, se busca una familia voluntaria que propicie la convivencia cotidiana de los ca- chorros con las personas. En una segunda etapa, los cachorros pasan al departamento de entrenamiento de una institución especializada en el adiestramiento de perros guía, donde obtendrán los conocimientos básicos por parte de los instructores. Durante ese periodo se evalúa si tienen la capacidad de convertirse en auténticos perros guía.

En la tercera etapa se selecciona a una persona que requiera un perro guía y se inicia un periodo de acoplamiento entre ambos, con una duración aproximada de tres semanas. Durante este tiempo se someterá a ambos a diversas experiencias y pruebas tanto simples como complejas y se observará la compatibilidad entre el perro y la persona con discapacidad visual.

Los aspirantes a tener un perro guía deben aprobar con anticipación exámenes médicos, psicológicos y socioeconómicos, que indiquen que son capaces de hacerse cargo del perro y de tratarlo adecuadamente.

La crianza y el entrenamiento de estos animales son cos- tosos, por lo que adquirir un perro adiestrado como guía tiene un precio elevado. Sin embargo, existen asociaciones filantrópicas que apoyan en el aspecto económico a quienes necesitan adquirir un animal con estas características para obtener una mejor calidad de vida.

Los niños con discapacidad visual pueden contar con el apoyo de un perro guía desde edades muy tempranas y se ha observado que esta compañía les facilita tanto el desplazamiento, como la realización de una serie de actividades que favorecerán su desarrollo y su seguridad de manera significativa.

Para finalizar, vale la pena considerar que no se debe distraer a un perro cuando está realizando su labor de guía, pues esto puede implicar un riesgo para la persona con discapacidad visual.

El bastón blanco

El bastón blanco es un instrumento que identifica con facilidad a los ciegos y a las personas con debilidad visual; además, su uso les permite desplazarse de manera independiente. Sus características de diseño y la técnica de manejo de este instrumento, facilitan el rastreo y la detección oportuna de obstáculos que se encuentran al ras del suelo.

Después de la Segunda Guerra Mundial se desarrollaron técnicas de movilidad y orientación con el bastón blanco. En Estados Unidos el sargento Richard Hoover, director de rehabilitación física, orientación y recreación de militares ciegos, advirtió que las personas que no podían ver se desplazaban con el apoyo de un bastón, pero éste no les permitía anticipar los obstáculos que se encontraban a su paso.

Por tal razón creó un bastón liviano, con un tamaño simétricamente proporcional a la estatura media de la persona y determinó que fuera de color blanco en la parte superior y de color rojo en la parte inferior, con lo que este instrumento se convirtió desde entonces en el símbolo universal de la independencia de las personas con discapacidad visual.

El bastón para ciegos, conocido con el nombre de bastón Hoover, es elaborado con tubos de aluminio plegables entre sí mediante un resorte elástico. En la parte superior tiene una cubierta de goma que permite tomarlo con soltura y comodidad, y en el extremo inferior cuenta con una puntilla con un deslizador metálico rodante. Existen también bastones rígidos con la empuñadura en forma de curva.

Sin embargo, las personas con discapacidad visual que utilizan el bastón plegable refieren que este modelo es más seguro, pues detecta con mayor facilidad los obstáculos, y más práctico debido a que puede doblarse en cuatro partes, lo que permite que se le guarde fácilmente en cualquier lugar como en una bolsa, portafolios, cajón, etcétera.

En cuanto al tamaño, el bastón blanco debe llegar a la altura del esternón del usuario, por lo que varía de acuerdo con la estatura de éste.

Se recomienda este tamaño para que el bastón pueda detectar a tiempo los obstáculos y permita el desplazamiento adecuado de la persona ciega, evitando la fatiga, la torpeza para caminar, los trastornos músculo-esqueléticos, así como los tropiezos y caídas.

Los niños con discapacidad visual pueden utilizar desde pequeños un bastón blanco adaptado a su estatura.

Se ha observado que cuando aprenden a desplazarse con este instrumento desde la infancia, adquieren una mayor destreza que les permite aumentar su seguridad e independencia.

Algunas personas con esta condición llegan a considerar este instrumento como una prolongación de su cuerpo, por lo que debe cuidarse y respetarse la manera en que se utiliza este apoyo.

El bastón blanco sirve también como protección para las personas con discapacidad visual, ya que es un símbolo que permite a los demás darse cuenta de que quien lleva un instrumento de este tipo no puede ver, lo que propicia que se tengan actitudes de consideración y apoyo especial en caso necesario.

Tratamientos y terapias para niños con discapacidad visual

Se requieren diversas alternativas para atender al niño con discapacidad visual, tomando en cuenta el tipo y el grado de ésta. Los tratamientos y terapias que se reciban durante la infancia le servirán para ver mejor, así como para adquirir conocimientos y aprender a desarrollarse de manera autosuficiente.

En un primer momento, este niño deberá ser valorado por un médico oftalmólogo pediatra quien, con base en el diagnóstico de su padecimiento, propondrá un tratamiento basado en medicamentos y ejercicios para los ojos encaminados a mejorar la visión, o bien, una intervención quirúrgica para reparar la estructura de la parte del ojo que se encuentre dañada por diversos motivos y así eliminar los obstáculos que no le permiten tener una visión adecuada.  En algunos casos, la ceguera tiene su causa en un daño neurológico, por lo que es muy importante que el pequeño sea valorado por un médico neurólogo pediatra, quien será el responsable de indicar el tratamiento específico en cada caso.

Algunas veces se podrán corregir o mejorar notablemente las alteraciones visuales con el uso constante de anteojos, lentes de contacto o dispositivos médicos graduados de manera especial. Cuando un niño presenta esta condición, se le puede apoyar por medio de una terapia visual aplicada por un terapeuta especializado.

En algunos casos, no será posible que el pequeño vea, de modo que el tratamiento buscará que se desarrolle de la mejor manera en las demás áreas con sus características particulares.

Para esto, tendrá que aprender a utilizar los apoyos e instrumentos que se requieren en esta situación.

Los padres necesitarán también contar con un maestro o terapeuta visual especializado que les enseñe cómo trabajar adecuadamente con su hijo, considerando el aprendizaje para acentuar la estimulación táctil y auditiva del niño, el apoyo para establecer comunicación con los demás mediante la identificación de objetos, la imitación de sonidos y acciones, así como la estimulación y coordinación de las posturas adecuadas y los movimientos del cuerpo.

Posteriormente, en la medida en que el niño crezca y tenga la edad para asistir a una guardería o a una escuela de educación preescolar, se deberá tomar la decisión de enviarlo a un centro especializado para personas con discapacidad visual o a una escuela regular donde conviva con compañeros sin discapacidad, complementando a la vez su educación con terapias que le permitan adquirir las habilidades para desarrollarse por sí mismo en su ambiente. Esta atención especial puede ser impartida por un terapeuta o maestro visual dentro de la escuela durante las tardes, en fines de semana o en centros especializados.

En algunas ocasiones, quienes enseñan a los niños el sistema Braille y el uso del bastón blanco son personas que presentan también alguna discapacidad visual, por lo que conocen las necesidades de su alumno.

Asimismo, el terapeuta visual evaluará con frecuencia el uso y los cambios de la visión, para poder realizar las adecuaciones necesarias a los aparatos de apoyo requeridos, considerando el crecimiento y la evolución del niño.

La educación para el niño con discapacidad visual

En la actualidad, existen diversas opciones para que los niños con discapacidad visual desarrollen sus capacidades cognitivas en las áreas de lectura, escritura, habilidad matemática, conocimiento del medio, actividades artísticas y actividades deportivas.

Como se ha mencionado, se dispone tanto de escuelas especiales para niños ciegos como de escuelas regulares que deberán contar con terapeutas o maestros capacitados para atender y enseñar a los pequeños que viven con esta condición. De tal manera, considerando las alternativas y las condiciones que se presenten, se deberá tomar con cuidado la decisión de a qué tipo de escuela conviene que asista cada niño. Para ello, se sugiere conocer las diversas escuelas posibles, realizar entrevistas con sus directivos y acordar la manera en que se le integrará a ella. Se recomienda que los padres de un niño con discapacidad visual lo acompañen de manera especial a conocer su escuela, que recorran sus instalaciones, lo presenten con sus maestros y poco a poco lo ayuden a adaptarse a este nuevo medio.

La ceguera, además de la dificultad visual que produce en quien la presenta, implica una serie de restricciones perceptivas que deben tomarse en cuenta para tratar y educar a un niño con esta condición. Por esto, los niños con discapacidad visual deberán recibir, además de las clases regulares que cursa cualquier niño de su edad, la capacitación especial para utilizar los apoyos que existen y que les permitirán adquirir los elementos para valerse por sí mismos.

La oportunidad de que los pequeños con discapacidad jueguen con compañeros de su misma edad que cursan la escuela regular, favorecerá su desarrollo y beneficiará también a los miembros de la comunidad escolar, quienes se sensibilizarán con esta situación.

En la etapa escolar se le debe enseñar al niño cuál es su condición visual para que pueda explicarla a sus compañeros y maestros. Asimismo, se deberá aprender a pedir ayuda cuando sea necesario y a rechazar el apoyo que se le brinda cuando no lo requiere, con la finalidad de fomentar su independencia.

El desarrollo del lenguaje tendrá una importancia fundamental para que los niños con esta discapacidad se relacionen, aprendan y se den cuenta de que el mundo existe más allá de lo que pueden tocar.

El aprendizaje en estos casos se podrá adquirir a través del tacto, la audición, el olfato e incluso en algunos casos de niños con debilidad visual, realizando las adecuaciones visuales necesarias.

El niño con discapacidad visual que recibe la atención adecuada durante la infancia, puede aprender a leer y escribir, y adquiere la capacidad de expresarse, de ubicar su entorno, de cuidar de sí mismo en ciertas situaciones y de desplazarse de manera independiente.

Asimismo, puede desarrollar una habilidad especial para disfrutar y aprender música. Por esto, se recomienda acercarlo desde pequeño a las actividades musicales, ya que éstas le ayudarán a desarrollar su sensibilidad y otras capacidades.

Una vez que el niño con discapacidad visual tenga establecidas las capacidades básicas de aprendizaje, estará preparado para adquirir nuevos contenidos. Entonces será el momento para enseñarle otras habilidades como escribir a máquina, utilizar la computadora, manejar la calculadora y el contador, que es un instrumento parecido al ábaco el cual facilita la realización de operaciones matemáticas por medio de las manos.

Una vez adquiridas estas habilidades, será necesario que la persona con discapacidad visual consulte con un especialista para decidir cómo continuar sus estudios de modo que encuentre un trabajo adecuado a sus intereses y a su condición física.

En la actualidad, existen muchas personas adultas con discapacidad visual que logran estudiar una carrera universitaria y ejercer un trabajo profesional, así como otras que realizan actividades artísticas como música, pintura, danza e incluso fotografía. Sin embargo, para que esto sea posible, se requiere iniciar su atención especial y su educación desde la infancia.

Sugerencias para promover la adaptación de un niño con discapacidad visual al medio familiar y escolar

La adaptación de un niño con discapacidad visual dependerá por una parte, de la actitud que tenga para integrarse a su medio cotidiano y por otra, de la disposición que muestre la sociedad para atender estas situaciones.

Algunas de las adaptaciones que se recomienda realizar en los lugares donde se encuentra un niño con discapacidad visual para que pueda desplazarse con independencia y seguridad son las siguientes:

✿ Acomodar los muebles en sitios fijos para que el niño pueda ubicar dónde se encuentran y no se tropiece con ellos.

✿ Colocar alfombras o pisos confortables que eviten posibles accidentes.

✿ Mantener las puertas siempre en la misma posición, ya sea abiertas o cerradas, para que el pequeño pueda moverse con seguridad.

✿ Evitar dejar al alcance del niño instrumentos o materiales peligrosos.

✿ Tener precaución con las estufas y otros aparatos que puedan ocasionar quemaduras.

✿ Evitar las puertas de vidrio que puedan provocar accidentes.

✿ En caso de vivir en un edificio con elevador, será importante colocar un timbre y botones con indicadores en Braille, que permitan ubicar el nivel en que se encuentra.

- Recubrir las escaleras con materiales que emitan sonidos fuertes para que el niño pueda detectar los escalones con más facilidad.
- Acondicionar la habitación del niño con discapacidad visual para que se encuentre cómodo y seguro con el fin de que pueda realizar diversas actividades en este espacio.
- Colocar sobre el piso de su habitación una cubierta de material suave y firme como el fomi y determinar con claridad los lugares que se destinarán para trabajar, jugar y descansar.
- Procurar no mover de su sitio los objetos que se encuentran en la habitación de un niño con discapacidad visual para que pueda ubicarlos con facilidad y cuidar que al terminar de usarlos se vuelvan a colocar en su lugar.
- Dejar al alcance del niño una grabadora que pueda utilizar con facilidad, así como los instrumentos de trabajo que requiera de acuerdo con su edad.

También conviene realizar diversas adaptaciones en la escuela para facilitar el acceso de los alumnos con discapacidad visual. En este caso se recomienda:

- Acondicionar las aulas para que puedan ser ubicadas con facilidad por una persona con discapacidad visual.
- Eliminar los materiales y los tipos de construcción que representen un riesgo, por ejemplo cristales, desniveles, rejas con picos y otros.
- Colocar barandales en las escaleras, las cuales se deberán construir con material que emita un sonido fuerte al pisar, para que el niño pueda localizar en dónde se encuentra.
- Indicar con sonidos de timbres o campanas los cambios de clase, la hora de salida y las emergencias, con el fin de que los niños con esta discapacidad los identifiquen.

- Incluir en las aulas, material didáctico especializado como: libros, mapas, tablas matemáticas y pósters elaborados en Braille.
- Colocar pasto en los patios para asegurar la zona, propiciando el movimiento y el ejercicio físico en los niños que viven con esta condición.
- Utilizar pelotas con cascabeles para que los niños puedan jugar siguiendo su sonido.
- Proporcionar a los niños pequeños con discapacidad visual el apoyo y la supervisión constantes por parte del personal de la escuela, para que en la medida en que adquieran las habilidades necesarias puedan ser cada vez más independientes.

RECOMENDACIONES GENERALES PARA TRATAR A UN NIÑO CON DISCAPACIDAD VISUAL

- Saludar y despedir verbalmente al niño con discapacidad visual, para que pueda enterarse de quiénes son las personas que se encuentran en su entorno. También es importante presentarnos, decirle nuestro nombre y comentarle alguna referencia que le permita identificarnos si no nos conoce.
- Si hay varias personas en un mismo sitio, indicar al niño con discapacidad visual que estamos hablando con él, llamándole por su nombre o tocándole el brazo.
- Invitar al pequeño a participar en los juegos y actividades que realicen los niños de su edad, supervisando que no haya obstáculos en el lugar, indicándole las precauciones que debe tener al desplazarse y explicándole con detalle la forma del juego.

- ❀ Preguntar al niño si requiere de compañía para realizar alguna actividad y no insistir en apoyarlo cuando diga que puede desplazarse solo.
- ❀ Ofrecerle el brazo cuando solicite que se le acompañe para llegar a un lugar, de manera que sea él quien lo tome y siga los movimientos, teniendo cuidado de no arrastrarlo o llevarlo de prisa.
- ❀ Explicar los obstáculos que se encuentran en el camino con anticipación, para que pueda tener la precaución necesaria cuando camina por la calle.
- ❀ Poner su mano derecha en la silla para ayudarlo a sentarse, ya que de esta manera ubicará el asiento y se podrá acomodar solo.
- ❀ Avisar si las puertas del sitio donde se encuentra están cerradas o abiertas, y advertirle de los riesgos, cambios de mobiliario u obstáculos en particular para evitar posibles accidentes.
- ❀ Utilizar el tono con el que comúnmente se habla evitando gritar, ya que no poder ver, no implica estar sordo.
- ❀ Respetar el trabajo del perro guía, evitando distraerlo y jugar con él cuando se encuentre con su amo.
- ❀ Mantener los instrumentos de apoyo en el mismo lugar, para que el niño los encuentre con facilidad, ya que los necesita para desplazarse o para realizar sus actividades y tareas.

RECOMENDACIONES PARA MEJORAR EL APRENDIZAJE DE UN NIÑO CON DISCAPACIDAD VISUAL

- ❀ Identificar con precisión el tipo y grado de discapacidad visual que presenta cada niño, ya que se deberán realizar actividades y programas muy diferentes en cada uno de estos casos.

✿ Agrandar la imagen o las letras que se le mostrarán al niño que presenta debilidad visual, reducir el número de artículos que se presentan en una hoja y buscar la combinación adecuada para favorecer el contraste de colores, tomando en cuenta que el mayor contraste se consigue con el blanco y el negro.

✿ Comprar papel con líneas y cuadrículas marcadas en negrilla y utilizar marcadores con tinta que se distingan con claridad.

✿ Permitir que el niño se acerque a los objetos, favoreciendo el uso de anteojos, lupas o pantallas con modificadores de tamaño para agrandar la imagen de los objetos, previa prescripción de un oculista especializado.

✿ Tomar en cuenta que el niño con discapacidad visual requiere de más tiempo para localizar e identificar un objeto, por lo que se debe tener paciencia para que lo logre.

✿ Cuidar que no se presente fatiga ocular, procurando realizar actividades por periodos cortos de tiempo, durante todo el día.

✿ Considerar la iluminación adecuada para cada persona con discapacidad visual, esto es, la cantidad, el tipo, la dirección y la posición de luz, ya que éste es un factor importante para alcanzar un buen desempeño en ciertas actividades.

Para ello se recomiendan las lámparas movibles que se pueden dirigir.

❊ Consultar al médico para que indique si el niño requiere utilizar anteojos especiales para el sol. Algunos de los síntomas que se manifiestan cuando la luz o el resplandor molestan son: mirar frecuentemente hacia el piso, frotarse los ojos, mostrar los ojos llorosos o enrojecidos cuando brilla la luz, etcétera.

❊ Buscar lugares con sombra donde el niño pueda jugar, cubriéndolo con un sombrero para evitar quemaduras del sol, ya que un niño que no puede ver no se da cuenta de cuándo se está asoleando.

❊ Pintar o colocar cintas de un color que contraste con las escaleras para que el niño con discapacidad visual pueda ubicar cada escalón, procurando que sean de un material que emita un sonido fuerte al pisar, por ejemplo, metal o madera.

❊ Colocar bandas con materiales brillosos en los objetos de uso diario como vasos, tazas, frascos o materiales de trabajo, para hacerlos más visibles.

❊ Mantener en un mismo orden el lugar de trabajo del niño y presentar los materiales educativos claramente sobre una pizarra simple.

❊ Seleccionar objetos que el niño pueda manipular como cubos, monedas y ábacos, de modo que a través del tacto comprenda los conceptos matemáticos.

❊ Utilizar el tiposcopio, que es una hoja negra con ranuras horizontales que separan cada renglón sobre una hoja impresa, la cual ayudará al niño a localizar con facilidad el próximo renglón. Asimismo, emplear filtros de colores y materiales de relieve para aumentar el contraste visual y táctil.

- Reforzar auditivamente las instrucciones que se le dan al niño con discapacidad visual para facilitar su comprensión.

Juguetes que se recomiendan para los niños con discapacidad visual

Los niños con discapacidad visual necesitan jugar como todos los niños, por lo que es necesario tomar algunas medidas para que puedan realizar estas actividades de manera individual o colectiva.

Los siguientes son juguetes recomendados para los niños con esta condición:

- Juguetes representados con objetos sencillos, realistas, con pocos accesorios y que se identifiquen con facilidad por medio del tacto.
- Juguetes con materiales y complementos fáciles de manipular.
- Juguetes con relieves que se puedan identificar a través del tacto.
- Juguetes con efectos luminosos, sonoros y diferentes texturas.
- Juguetes con piezas que se puedan clasificar con facilidad y que no sean de tamaño muy pequeño.
- Juguetes con aroma agradable que permitan a través del olfato percibir y diferenciar los objetos.
- Juguetes con colores muy vivos como el amarillo, rojo y naranja en los casos en que el niño presente debilidad visual.
- Juguetes compactos que no se desmonten con facilidad.
- Audiolibros con textos, historias y cuentos de interés atractivos para el niño.

ADAPTACIONES REQUERIDAS EN LOS JUGUETES DE LOS niños con DISCAPACIDAD VISUAL

❀ Colocar en los juegos de mesa un relieve en los tableros, cartas e ilustraciones para facilitar su identificación.

❀ Sujetar las fichas de juego con materiales como velcro, imanes o salientes para evitar el desplazamiento y facilitar que el niño las localice.

❀ Traducir los textos e instrucciones de los juegos al sistema Braille.

❀ Incorporar sonidos, relieves o texturas que sustituyan o acompañen la estimulación visual.

❀ Incluir en los juguetes grabaciones de voz que sustituyan la información escrita.

❀ Diseñar estructuras para que el niño pueda jugar con muñecos a la casita, los cochecitos, la tiendita y otros juegos similares, procurando pegar las piezas para que consiga encontrarlas.

❀ Colocar topes en los extremos de las mesas de trabajo y de juego para evitar que se caigan los accesorios.

❀ Favorecer que el niño invente sus propios juegos, los cuales serán el resultado de sus fantasías, así como promover que realice juegos representativos de la vida cotidiana que lo prepararán para desempeñar las actividades que llevará a cabo cuando sea adulto (por ejemplo, jugar a la comidita, al maestro, al doctor, al teatro y a las luchas, entre otros).

❀ Propiciar oportunidades para que el niño pueda relacionarse con otras personas, aprenda reglas de convivencia, conozca sus capacidades y tenga la posibilidad de expresar lo que está viviendo.

❀ Procurar dar al niño el tiempo y las condiciones que le permitan jugar.

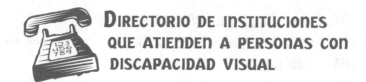

DIRECTORIO DE INSTITUCIONES QUE ATIENDEN A PERSONAS CON DISCAPACIDAD VISUAL

Asociación para Evitar la Ceguera
Teléfono 1084-1400

Asociación Pro-educación y Rehabilitación de Ciegos y Débiles Visuales, A.C.
Teléfono 5552-6038

Biblioteca México, Sala de Invidentes
Teléfono: 5709-1419

Centro de Cómputo e Impresión para Ciegos y Débiles Visuales
Teléfono: 5519 4512

Centro de Habilitación e Integración para Invidentes, IAP
Teléfono 5661-3548

Centros de Atención Múltiple (CAM) de la Secretaría de Educación Pública
Teléfonos 5588-9538 y 5588-0196

Comité Nacional Pro-Ciegos
Teléfono 5547-5167

Discapacitados Visuales, IAP
Teléfonos 5519-4512 y 5687-5495

**Escuela de Computación para Niños Ciegos
"Una Luz en la Oscuridad"**
Teléfono: 5355 0461
ram100@infosel.net.mx

Escuela de Perros Guía
Teléfonos: 5673-6464 y 5673-1587
http://www.perrosguia.org.mx/

Escuela Nacional de Ciegos
Teléfono 5522-9693

**Hospital Oftalmológico de
Nuestra Señora de la Luz, IAP**
Teléfonos: 5546 0155 y 5546 2081

**Instituto de Oftalmología
"Fundación Conde de Valenciana", IAP**
Teléfonos 5588-4600 y 5588-4644

**Instituto Mexicano para
el Desarrollo Integral del
Invidente, IAP**
Teléfonos 5516-5207 y 5276-3630

**Instituto Nacional de
Rehabilitación de Niños Ciegos y
Débiles Visuales (SEP)**
Teléfono 5554-4399

Oftalmólogo
Dr. Guillermo de Velazco
Teléfono: 5277-1290

Terapia visual
Dra. María Eugenia Mingram
Teléfono: 5658-4866

Teleton
Dra. Edna Berumen
Teléfono 5321-2223

Unidades Básicas de Rehabilitación del DIF
Teléfono 5575-6995

Visión sin Límites, A.C.
Teléfono 5574-6715

Otros países

**American Council of the Blind Parents
(Estados Unidos de América)**
www.acb.org

**Federación Argentina de Instituciones de Ciegos
y Amblíopes (FAICA)
(Argentina)**
www.faica.org.ar

**Federación Nacional de Ciegos del Ecuador
(FENCE)
(Ecuador)**
www.fenceec.org

**Fundación Costarricense para Ciegos (FUCOPCI)
(Costa Rica)**
www.geocities.com/Baja/3749/fuchome.htm

Fundación ONCE
(España)
www.fundaciononce.es

Fundación ONCE para América Latina
(Latinoamérica)
www.foal.once.org

Portal del deficiente visual
(Brasil)
www.deficientevisual.org.br

Unión Latinoamericana de Ciegos
www.fbraill.com.uy/ulac/index/-gra.htm

Para quienes viven en la Ciudad de México o viajan a ella, se recomienda consultar en su delegación política las unidades de atención para personas con discapacidad visual.

De igual manera, se recomienda investigar acerca del término "Discapacidad visual" en los buscadores de Internet, con el fin de encontrar artículos sobre el tema y ponerse en contacto con sitios en los que se ofrece atención especializada para personas que viven con esta condición.

Discapacidad motriz

La discapacidad motriz se refiere a la imposibilidad total o parcial que presenta una persona para mover alguna parte de su cuerpo, principalmente las piernas y los pies o los brazos y las manos, aunque en ocasiones la inmovilidad también llega a aparecer en el cuello, la cintura, la cara u otros miembros del cuerpo.

Esta condición es también conocida con los términos de discapacidad física, invalidez, minusvalía o parálisis del cuerpo. Sin embargo para referirse a estos casos, conviene utilizar el nombre de discapacidad motriz, ya que de esta manera no se hace referencia a una limitante sino a una condición.

A lo largo de la historia, las personas con discapacidad motriz han mostrado dificultades para participar activamente en su comunidad, debido a que no han tenido la posibilidad de acceder a diferentes lugares. Por tal razón, se han inventado aparatos para ayudarles a desplazarse, se ha contado con apoyos humanos que facilitan su movilidad y se han realizado adaptaciones en las casas y caminos con el propósito de convertirlos en espacios accesibles para todos.

En la antigüedad era común que las personas con una discapacidad motriz permanecieran en su casa sin poder salir, debido a que no contaban con los apoyos necesarios para desplazarse. Esto complicaba su condición general ya que no conocían su entorno, no realizaban tareas productivas y no tenían trato frecuente con las demás personas.

Con el paso del tiempo, se elaboraron con recursos naturales aparatos de madera parecidos a los bastones, que funcionaron como instrumentos de apoyo y camillas que facilitaban la transportación de las personas que no podían moverse por sí mismas.

En algunas zonas rurales o marginadas todavía se utilizan instrumentos de este tipo para facilitar el movimiento de las personas con discapacidad motriz.

Se recomienda para estos casos consultar el libro *Nada sobre nosotros sin nosotros*, de David Werner, donde se explica con detalle cómo se pueden elaborar aparatos ortopédicos con materiales de bajo costo y fáciles de encontrar en las zonas rurales con el fin de facilitar la movilidad de las personas con esta discapacidad e integrarlas a su comunidad.

Poco a poco se inventaron diversos aparatos para suplir algunas funciones que realizan las manos, los brazos, los pies y las piernas, así como asientos acondicionados para diferentes necesidades y sillas con ruedas que se usaron en el pasado para transportar a personas de la alta sociedad y cuyo uso después se generalizó para movilizar a personas con discapacidad motriz.

En el pasado, en algunas culturas con frecuencia se sacrificaba a los niños con esta condición y en otras épocas se les internaba en asilos, ya que su cuidado representaba complicaciones para su familia y para su comunidad. No obstante, en la medida en que estas personas han tenido el acceso para participar en su sociedad, dichas costumbres han cambiado y se ha descubierto que los niños pueden llegar a integrarse con los demás cuando se les da la oportunidad y los medios necesarios para hacerlo desde que son pequeños.

Considerando los resultados del censo realizado por el INEGI en el año 2000 en México, se calcula que cerca del 10% de la población presenta algún tipo de discapacidad. De esta cifra un alto porcentaje está constituido por la población infantil, de la cual alrededor del 45% tiene una discapacidad motriz que afecta alguna parte de su cuerpo.

 Estas cifras indican que son muchos los niños con alguna discapacidad de este tipo, que tienen la necesidad de ser atendidos y tratados adecuadamente para poder desarrollarse de la mejor manera posible dentro de su condición.

Aun cuando cada vez existen más espacios accesibles para las personas con discapacidad motriz, quienes han logrado adquirir las habilidades y los apoyos necesarios que les permiten en la actualidad participar en su sociedad de diferentes maneras, queda mucho por hacer en este aspecto.

Para fomentar esta cultura de conocimiento y comprensión de la discapacidad, es fundamental que desde la infancia se promueva la integración y la participación de los niños con discapacidad motriz en las escuelas y en las actividades recreativas y culturales que realizan los demás, realizando siempre en estos casos las adaptaciones necesarias para lograr este fin.

Esta integración beneficiará tanto a los niños con este tipo de discapacidad (quienes se esforzarán para encontrar la forma de realizar ciertas actividades que observan en sus compañeros y tendrán la oportunidad de desarrollarse en su medio social) como a aquellos sin esta discapacidad (que se sensibilizarán al observar las dificultades que enfrentan sus compañeros para realizar los movimientos cotidianos, aprenderán la

forma de brindarles el apoyo necesario y se darán cuenta de las capacidades que posee una persona con esta condición al tener la oportunidad de conocerla).

Conviene tener en mente que un pequeño con discapacidad motriz es capaz de utilizar sus otros sentidos y su capacidad intelectual para desempeñar diferentes actividades y para llegar a desarrollarse como lo hacen los demás niños de su edad, siempre y cuando se le den las oportunidades para poder hacerlo, se evite la sobreprotección y se acondicionen los espacios necesarios para hacerlos accesibles.

En la actualidad, las sociedades procuran construir cada vez más espacios accesibles para que las personas con discapacidad motriz puedan desplazarse por sí mismas con facilidad. Esto implica la creación de rampas, elevadores, lugares de estacionamiento, transporte público, entradas con espacios amplios en las puertas, sanitarios especiales, mostradores bajos de tamaño adecuado, etcétera.

En la medida en que esta conciencia se continúe transmitiendo a un mayor número de personas, se estará trabajando en la consolidación de una cultura de la discapacidad, lo que permitirá que se abran oportunidades de desarrollo para todas las personas, independientemente de cuál sea su condición.

¿Cuáles son los tipos de discapacidad motriz?

Existen diferentes tipos de discapacidad motriz, dependiendo de la parte o de las partes del cuerpo con alteraciones o daños que dificultan la movilidad, así como de las causas de esta situación:

- La cuadriplejia, que es la falta de movimiento de las cuatro extremidades (brazos y piernas).
- La paraplejia, que se refiere a la imposibilidad para mover las extremidades superiores (brazos) o inferiores (piernas).
- La hemiplejia, término que se utiliza cuando se manifiesta una parálisis en la mitad del cuerpo.
- La inmovilidad de algunos miembros aislados, por ejemplo, un dedo, una mano, un pie, el cuello, etcétera.

En cuanto a las causas, en ocasiones la falta de movilidad se debe a la ausencia de sensibilidad de alguna zona del cuerpo, la cual, al encontrarse alterada, dificulta la coordinación, la fuerza y otras funciones necesarias para moverse. Asimismo, la discapacidad motriz se puede deber a daños o alteraciones en los huesos, en los músculos, en las articulaciones o en el sistema neurológico.

Según la zona en la que se presente el daño, se manifestarán diferentes síntomas que ocasionarán dificultades en el movimiento y se deberán seguir distintos tratamientos encaminados a mejorar la condición de la parte afectada.

Hay también diversos grados de discapacidad motriz, por lo que podemos encontrar a personas que no pueden mover sus miembros por sí mismas, otras que tienen dificultades para coordinar y controlar sus movi-

mientos, así como quienes presentan debilidad en sus miembros, lo cual les impide sostenerse.

Dependiendo de cada caso, será necesario que estas personas utilicen diferentes aparatos de apoyo para desplazarse, como pueden ser la silla de ruedas, muletas, bastones, sostenes, andaderas y otros.

En ciertos casos, después de recibir terapia física y de rehabilitación, quienes tienen esta discapacidad lograrán moverse por sí mismos con ciertas dificultades, en tanto que en otros necesitarán contar con el apoyo de las personas que los rodean para facilitar su desplazamiento y recibir seguridad.

Siempre deberá estimularse a las personas con esta condición desde la infancia, con el fin de que obtengan la mayor independencia posible dentro de su situación.

CAUSAS DE LA DISCAPACIDAD MOTRIZ

Las causas de la discapacidad motriz en un niño pueden ser muy diversas. En muchas ocasiones, esta condición se presenta por problemas alrededor del nacimiento, como puede ser la falta de oxigenación necesaria en el cerebro por partos prolongados o por inmadurez del aparato respiratorio, lo que produce que se dañen algunas de las conexiones neurológicas que existen entre los miembros del cuerpo y el cerebro.

Los niños que presentan secuelas por estas causas muestran diversos grados de daño o inmadurez cerebral, así como algunas alteraciones conocidas con el término de parálisis cerebral.

También pueden ocasionar discapacidad motriz algunas alteraciones genéticas como el síndrome de Down, la distrofia muscular y muchas otras que afectan el tono o la fuerza muscular, ya sea disminuyéndolo o aumentándolo. Asimismo, en los niños con esta condición, frecuentemente se observa una coordinación inadecuada de los movimientos.

Otras causas de discapacidad motriz son los accidentes, algunas enfermedades como la poliomielitis, la artritis, ciertos tipos de tumores, el reumatismo, así como la deficiencia de ciertas vitaminas como el ácido fólico, que pueden afectar el desarrollo, dañar los huesos, los músculos y otras partes del cuerpo que se requieren para la movilidad. En este caso, se pueden considerar los niños que nacen con malformaciones en la columna vertebral, como espina bífida y mielomelingocele.

Finalmente, ocasionan discapacidad motriz las amputaciones de diferentes miembros del cuerpo o la ausencia del desarrollo de estas partes, por diversas causas como malformaciones, accidentes, enfermedades, exposición a sustancias tóxicas, entre otras.

Con el propósito de suplir las funciones que realizan estos miembros del cuerpo, se recomienda el uso de prótesis ortopédicas, las cuales, debido a los avances de la tecnología, cada vez se asemejan más a la forma del miembro que falta y realizan con más precisión las funciones que éste desempeña.

¿Qué hago con un niño con discapacidad motriz?

La llegada de un niño con discapacidad motriz ocasiona preocupación y desconcierto en la familia, de manera especial en los padres que tendrán que asumir que su hijo tiene una discapacidad que le dificultará o impedirá realizar movimientos, con las consecuencias que esto implica para su vida.

Sin embargo, un niño con esta condición será capaz de hacer muchas de las actividades que se proponga, siempre y cuando desde pequeño reciba un trato adecuado en un entorno en el cual se le brinden las oportunidades, la seguridad y el libre acceso que requiere para desplazarse y así poder realizar las actividades que le permitirán desarrollarse de la mejor manera posible.

Por esto, es fundamental no limitar su desarrollo sino buscar las alternativas para que pueda encontrar los apoyos y las adaptaciones que requiere.

Es común encontrar en la actualidad personas con discapacidad motriz que realizan deportes en silla de ruedas, manejan automóviles adaptados, trabajan como lo hace cualquier persona, forman una familia y se conducen con independencia en sus actividades cotidianas.

Para que esto sea posible, será necesario educar al niño con discapacidad motriz desde pequeño con esta perspectiva, de modo que en la vida adulta disponga de los elementos necesarios para valerse por sí mismo y logre ser independiente.

Un pequeño con esta discapacidad debe asistir a una escuela regular como lo hacen los demás niños de su edad, en la cual pueda tener acceso para moverse con libertad con las adaptaciones y el apoyo necesarios, y en donde pueda participar en las actividades académicas, recreativas, deportivas y culturales que le ayuden a desarrollarse mejor.

Todo esto parece fácil, obvio y muy sencillo; sin embargo, para que pueda ocurrir se requiere de un gran trabajo por parte de la familia, principalmente de los padres de ese niño, con el fin de que encuentren y/o abran los espacios necesarios que favorezcan que su hijo se desarrolle de la mejor manera posible dentro de su condición.

Para favorecer el desarrollo de un niño con discapacidad motriz, se requiere realizar un esfuerzo adicional constante. Algunas veces, es difícil que los padres acepten esta situación, pues suele ser complicado darse cuenta y aceptar que un pequeño no puede moverse con facilidad.

Además, esta discapacidad a veces dificulta la participación del niño en juegos o no le permite socializar con facilidad con otras personas. En ocasiones se vuelve muy dependiente y por lo tanto demandante, lo que resulta agotador para sus padres, sus maestros y quienes los cuidan.

En ocasiones, los niños con esta discapacidad experimentan frustración y coraje cuando se dan cuenta de que no pueden hacer con facilidad las actividades que desean o las que realizan los demás. Por esto será necesario que con frecuencia se les propongan alternativas para que expresen estos sentimientos con su familia, alguna persona cercana o un especialista, así como hacer las adecuaciones que les permitan realizar en la medida de lo posible lo que deseen de acuerdo con su edad y su condición particular.

Para comprender con más claridad la situación que vive un niño con discapacidad motriz, se sugiere ponerse en su lugar, utilizar momentáneamente los aparatos que necesita para desplazarse, intentar resolver las rutinas de la vida cotidiana sin levantarse o sin utilizar los miembros que presentan alteraciones en él, etcétera. Con estos ejercicios se podrá ser más empático con él y se contará con más elementos para ubicar los obstáculos para su desplazamiento e independencia en la vida cotidiana.

Hay que procurar evitar que el niño reprima el enojo y la frustración que en ocasiones le causa vivir con esa condición y apoyarlo para que, en parte, pueda transformar ese coraje en acciones que le permitan seguir adelante y lo lleven a defender sus derechos.

Los padres de un niño con discapacidad motriz a menudo deben realizar un esfuerzo físico mayor para atender a su hijo; algunas veces tendrán que "prestarle su cuerpo" para cargarlo, para ayudarlo a asearse, para acompañarlo a realizar algunas de sus actividades, para transportarlo y esto resultará cansado, lo que puede provocar tensión y desgaste en la relación con el pequeño y como consecuencia, la aparición de frecuentes conflictos familiares. Por consiguiente, será muy importante distribuir las diferentes labores que hay que hacer para cuidar a un niño con esta condición entre los diversos miembros de la familia, o buscar el apoyo de personas externas que puedan ayudar en la realización de estas funciones. Así se formará una red de apoyo que facilite estos cuidados y favorezca una mejor relación personal con el niño.

Todas estas situaciones, aunque no pueden negarse, sí deben dejarse paulatinamente a un lado para promover el crecimiento personal del niño, para exigirle que realice lo que es capaz de hacer y para poder conocerlo más allá de sus dificultades físicas.

Una vez que se sabe cómo cuidar a un niño con estas características, no habrá que centrar la atención en sus limitaciones durante mucho tiempo y se deberá procurar mirar también lo que sí es capaz de hacer.

Con el tiempo, el trabajo que se requiere para atender a este pequeño disminuirá de manera considerable si éste logra resolver las situaciones de la vida cotidiana por sí mismo con el apoyo adecuado.

El pequeño con esta condición tiende a ser reflexivo, observador y creativo cuando logra desarrollar estas habilidades para transmitir su experiencia, y esto le podrá resultar muy benéfico para desarrollarse en varios aspectos de su vida y seguir adelante. Con miras a fomentar el desarrollo de estos atributos, es recomendable acercarlo al arte, para que se exprese a través de la pintura, la música, la escritura e incluso la danza adaptada.

También existen espacios adecuados para que los niños con discapacidad motriz realicen deportes adaptados a sus necesidades. Así podrán practicar tenis, atletismo, natación y otros deportes que favorecerán su desarrollo y participación con otros niños.

La discapacidad motriz resulta evidente para los demás y, por supuesto, para el niño que la presenta, cuando se observan sus dificultades para desplazarse o cuando utiliza aparatos que llaman la atención. Por consiguiente, habrá que prepararlo para que pueda responder a estas situaciones y encontrar la manera de que le afecte lo menos posible. Se recomienda hablar frecuentemente con él de su discapacidad, incluirlo en las actividades familiares y enseñarlo a no centrar la atención de los demás en su condición, sino a mostrar cómo es su personalidad y todo lo que es capaz de hacer.

El niño con discapacidad motriz suele presentar algunas alteraciones con respecto a su imagen corporal, lo que a veces le preocupa y lo hace sentirse vulnerable, ya que al verse sentado o usando aparatos para sostenerse, se percibe diferente de los demás. En estos casos, se recomienda acompañarlo y ayudarlo a comprender su situación con paciencia, por ejemplo, acercarlo a un espejo para explicarle su situación frente a su imagen. Esto le ayudará a observar sus dificultades y aumentar su seguridad al conocerse mejor.

Los niños con discapacidad motriz deben aprender a realizar por sí mismos ciertas funciones y a resolver sus problemas por medio de los apoyos y las adaptaciones que necesiten, ya que de esta manera será más fácil que adquieran independencia y seguridad. Asimismo, es muy conveniente que logren distinguir las situaciones en las que requieren el apoyo de otras personas, de las que pueden resolver por sí mismos.

Estos niños necesitan ser escuchados con cuidado y atención para que puedan expresar sus necesidades, sus problemas, sus deseos y sus expectativas. Asimismo, en algunos casos será recomendable que reciban atención psicológica para adaptarse mejor a su condición.

En conclusión, se puede afirmar que con un niño con discapacidad motriz hay que hacer lo mismo que se haría si no presentara esa condición, a la vez que considerar las adaptaciones y los apoyos que necesita para valerse por sí mismo.

EL DESARROLLO DEL BEBÉ CON DISCAPACIDAD MOTRIZ

Durante los primeros meses de vida, el desarrollo de un bebé que presenta este tipo de discapacidad ocurrirá de manera muy parecida al de un niño que no vive con esta condición.

En el transcurso de estos primeros meses, como con todos los niños, es muy importante alimentar y abrazar al bebé con cuidado para transmitirle afecto y seguridad, con el fin de que establezca vínculos afectivos adecuados. También le beneficiará tener contacto con sonidos de sonajas y diferentes tipos de música, así como hablarle mucho para que poco a poco pueda comenzar a desarrollar su lenguaje.

Posteriormente, entre los cuatro y los ocho meses de edad, época que corresponde al periodo en el cual los bebés comienzan a intentar moverse por sí mismos, se observarán algunas dificultades en ellos para tomar los objetos, sostener su cabeza, mantenerse sentados e iniciar el gateo.

Dependiendo de cuáles sean las partes del cuerpo en las que se presenten las alteraciones motrices, será necesario estimular de manera especial las zonas que no estén afectadas, ya que éstas ayudarán a compensar algunos de los movimientos que no pueden realizar.

Se requerirá también ejercitar y estimular constantemente las partes de su cuerpo que se encuentren alteradas, para evitar que se atrofien y conservarlos en el mejor estado físico posible.

Es muy útil proporcionar a los bebés con este tipo de discapacidad el apoyo que requieren desde esa temprana edad con el propósito de que conozcan su entorno, así como realizar las adaptaciones necesarias en los objetos, los juguetes y el mobiliario que utilizan cotidianamente.

De igual manera, es recomendable cambiarlos con frecuencia de posición corporal, acercarles diferentes objetos para que puedan conocerlos por medio de la vista, el oído y el tacto, conducirlos a diferentes lugares y permitirles que los explore. Para esto, será fundamental que reciban un tratamiento fisioterapéutico constante desde los primeros meses de vida, aun antes de que sea evidente su discapacidad.

Los fisioterapeutas podrán asesorar a los padres acerca de la forma en que conviene atender y estimular a un bebé con discapacidad motriz para ayudarlo a desarrollarse mejor.

Con las técnicas especializadas que se utilizan en estos tratamientos, se le da la posibilidad al niño de adquirir mayor control sobre su propio cuerpo, se le ayuda a aumentar o disminuir su tono muscular, según se requiera en cada caso, y se le ejercita para que con sus propios medios, con el sostén de otra persona o con apoyo de un asiento especial, logre mantener su cuerpo en posición vertical, pues esta postura le permitirá conocer el mundo con una perspectiva más amplia que cuando sólo puede observarlo desde una postura horizontal.

En estos tratamientos de fisioterapia y rehabilitación, se trabajará con el bebé considerando sus necesidades específicas por medio de ejercicios, con el apoyo de algunos aparatos para sostenerlo, con pelotas, espejos y otros materiales terapéuticos que promuevan y faciliten su movilidad.

En ocasiones, los padres de un niño con esta discapacidad muestran cierta resistencia para llevar a su hijo a estos tratamientos, temiendo que los ejercicios le ocasionen dolor e incomodidad. Sin embargo, cuando estas sesiones se realizan con los profesionales especializados para atender estos casos, los niños no son lastimados y por lo general no experimentan dolor, sino una sensación de cansancio parecida a la que se experimenta cuando se hace un esfuerzo físico o ejercicio durante un tiempo prolongado. Para facilitar que el bebé acepte estos tratamientos, es recomendable que los padres estén convencidos de que su hijo necesita este tipo de atención, para que así lo lleven a las sesiones de fisioterapia con la frecuencia que se requiere y se muestren firmes con él en la aplicación del tratamiento, aun cuando en un principio el pequeño se niegue a realizar la terapia.

Se recomienda procurar dentro de lo posible, hacer de las visitas al fisioterapeuta una experiencia agradable, aprovechando esas salidas para ir con el niño al terminar la sesión a dar un pequeño paseo, comer juntos, hacer alguna compra u otra actividad. De esta manera, estas citas tendrán también sus momentos atractivos, los cuales ayudarán a fortalecer el vínculo entre el menor y sus padres.

Al regresar a la casa después del tratamiento o cuando se tenga tiempo suficiente, se sugiere darle masajes corporales diseñados para niños pequeños, como por ejemplo el masaje Vimala, cuyo objetivo es propiciar la relajación, la integración, el conocimiento del cuerpo y la reflexión.

Desde épocas remotas, se han conocido los beneficios que aporta al organismo el contacto corporal por medio del tacto y de los masajes. El masaje Vimala es una técnica que se recomienda aplicar de manera especial en niños con discapacidad, en bebés prematuros o en niños adoptados. La técnica fue desarrollada por la estadounidense Vimala Schneider, al observar los masajes que aplicaban las mujeres de la India a sus pequeños para fortalecer el vínculo afectivo, para calmar el dolor y para curarlos de ciertas afecciones. Ella se percató también de que por medio de estos masajes se pueden obtener una serie de beneficios físicos y emocionales en las personas, como son los siguientes:

- Estimulación de la sensibilidad de la piel.
- Estimulación de los sistemas respiratorio, circulatorio, gastrointestinal y neurológico.
- Relajación y mantenimiento del equilibrio del cuerpo.
- Fortalecimiento de la interacción y del vínculo entre los padres y su bebé.

Es conveniente aplicar esta técnica de masaje al recién nacido a partir de la tercera semana de vida, respetando su ritmo y aceptando su comportamiento ante estos estímulos.

Los ejercicios que se sugieren consisten en tocar cada parte del cuerpo del niño con movimientos especiales y con la presión adecuada, encaminados a liberar la tensión y estimular

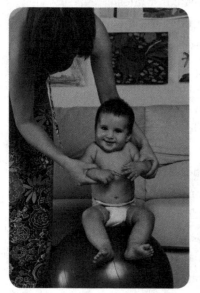

la circulación; se empieza por cada uno de los dedos de los pies, para después recorrer todo el cuerpo, pasando por las piernas, el tronco, los brazos, las manos y el cuello, hasta llegar a la cabeza. Para llevar a cabo estas sesiones de masaje infantil se requiere encontrarse tranquilo, utilizar aceite de almendras dulces para untar, una toalla grande, mantas y poner música relajante.

Resulta esencial señalar que esta técnica está contraindicada en los casos de niños que presenten cardiopatías congénitas, luxación de cadera, fracturas o fiebre.

Es indispensable llevar a un niño con discapacidad motriz lo más pronto posible a este tipo de tratamientos, dado que los beneficios que obtendrá al recibir la terapia física y otros métodos alternativos le permitirán mejorar considerablemente su calidad de vida, tanto en el aspecto motriz, como en el aprendizaje, la socialización y los demás aspectos de su desarrollo. Además, la terapia física le aportará los elementos que le permitirán lograr una mayor independencia dentro de su condición, lo que será benéfico para él y para su familia.

Con respecto al lenguaje, hay que procurar hablarle constantemente al bebé con este tipo de discapacidad, para que así pueda hablar; la expresión verbal será una herramienta que le ayudará también a conseguir su independencia en la medida en que sea capaz de decir sus necesidades, pensamientos y deseos.

Igualmente, será necesario estimular todos los sentidos de un niño con esta condición, a través de ejercicios para desarrollar la vista, el oído, el tacto, el olfato y el gusto. De manera especial, hay que evitar sobreprotegerlo pues este trato, lejos de ayudarle a crecer, limitará en gran medida el desarrollo de sus capacidades y habilidades, además de que aumentará su inseguridad y dependencia.

Como se ha mencionado, se sugiere colocar a los bebés con discapacidad motriz en las posiciones adecuadas que promuevan la ejercitación de su cuerpo durante el mayor tiempo posible. El fisioterapeuta será el especialista indicado para recomendar los ejercicios especiales que se deberán aplicar con el fin de fortalecer sus huesos, sus músculos y sus articulaciones.

El bebé con esta condición necesitará tiempo para lograr adquirir ciertos movimientos y no podrá llegar a realizarlos por sí mismo debido a sus lesiones, por lo que necesitará del apoyo de aparatos especiales y de las personas que lo cuiden para realizarlos. Cada bebé con esta discapacidad, logrará un grado de desarrollo diferente, y en muchos casos, con el tratamiento adecuado aplicado a tiempo, podrá desplazarse o realizar los movimientos por sí mismo con los apoyos necesarios.

Será labor de los padres y demás familiares promover que el niño se atreva y se esfuerce para efectuar los movimientos que es capaz de hacer, estimulándolo en los aspectos físico y afectivo, así como ofreciéndole la seguridad y el apoyo necesarios para que logre hacerlo. El esfuerzo y los aparatos especiales que en ocasiones el niño tendrá que utilizar no serán una limitante, sino por el contrario, le permitirán adquirir mayor independencia y seguridad física.

Cuando un niño no pueda mover su cuerpo por sí mismo, debido a las lesiones que presenta, será fundamental que se le ayude a ejercitar las partes que se encuentren dañadas, lo cambien con frecuencia de posición y se le apliquen los tratamientos dermatológicos indicados para evitar que su piel se lastime o que incluso se llegue a llagar debido a la falta de sensibilidad y al roce continuo con diferentes telas y superficies.

Por otra parte, el niño debe ser valorado y en caso necesario, recibir tratamientos de rehabilitación pulmonar, ya que en ocasiones la falta de movimiento en el aparato respiratorio afecta también la oxigenación adecuada del cuerpo, lo que puede complicar aún más su situación y tener un efecto en algunos órganos internos.

Finalmente, se recomienda llevarlo de paseo con frecuencia y ayudarlo para que participe dentro de lo posible en las actividades que realizan los pequeños de su edad, como por ejemplo, salir al parque, asistir a diversos espectáculos o visitar museos y centros comerciales, para de esta manera promover su integración desde pequeño a su medio social. Con el fin de facilitar estas situaciones, se recomienda el uso de carreolas o sillas de ruedas adaptadas, que permitirán el desplazamiento del niño en distancias y periodos de tiempo prolongados.

¿QUÉ MÁS SE PUEDE HACER PARA ESTIMULAR A UN NIÑO CON DISCAPACIDAD MOTRIZ?

Un niño con discapacidad motriz requerirá una estimulación mayor que la que necesitan otros pequeños de su edad, para compensar las dificultades que se ocasionan por su condición.

Por esto, se recomienda que desde su nacimiento reciba estimulación temprana y tratamientos de terapia física y que cuente con la disposición de las personas que lo cuidan para llevarlo a diversos sitios recreativos donde puedan compartir el tiempo e integrarse a su entorno.

Este menor se beneficiará de pasear al aire libre, podrá ir al cine y a fiestas infantiles y familiares, así como participar en actividades deportivas adaptadas. En la actualidad se imparten clases de tenis infantil en silla de ruedas, de natación, de equinoterapia, de danza adaptada para personas con discapacidad motriz y una serie de alternativas destinadas a mejorar la calidad de vida de quienes viven con esta condición.

Se ha visto que algunos tratamientos de terapia física funcionan mejor dentro del agua, pues al disminuir la fuerza de la gravedad, se le facilita al niño realizar algunos movimientos.

También conviene organizar actividades para estos niños dentro de su casa, ofreciéndoles material creativo y variado, juegos de mesa, así como lecturas y películas que les permitan ocupar su tiempo libre de manera productiva sin tener que desplazarse.

Hay que acercarse a este menor para conocerlo, ya que independientemente de su apariencia física, cada uno tendrá diferentes grados de desarrollo en sus demás sentidos, por lo que no hay que suponer que debido a que muestra dificultades para moverse, las tiene también en el habla, en la vista o en su capacidad intelectual. Por esto, será necesario ubicar

las capacidades que sí posee para encontrar la manera de promover el mejor desempeño de sus habilidades.

Un aspecto fundamental será que se adapten los espacios de uso cotidiano, con el propósito de que pueda desplazarse con facilidad, y que se considere tener en casa espacios sin escaleras, puertas amplias, eliminar tapetes, adaptar los sanitarios con barras especiales y con lavabos instalados a su altura. Su recámara deberá ser accesible en la mayor medida posible; para esto se recomienda acomodar la ropa, los artículos personales, los juguetes y los demás objetos que necesite en lugares donde pueda tomarlos por sí mismo sin dificultad.

Otro punto por considerar son los medios de transporte adecuados para trasladar al niño con discapacidad motriz. En caso de contar con las posibilidades para adquirir un vehículo propio, se sugiere conseguir un carro o camioneta grande, en

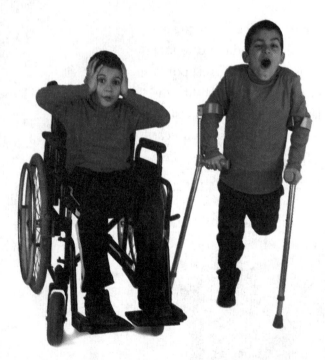

el que pueda introducirse la carreola, la silla de ruedas y los demás aparatos que se requieran. Operan en algunas ciudades servicios de taxis o de camionetas adaptados para trasladar a personas con discapacidad.

Este tipo de transporte puede ser de uso frecuente u ocasional y es posible contratarlo con tarifas especiales, según las necesidades particulares. En el directorio de este apartado se incluyen los datos de algunas personas que prestan este tipo de servicio. En los últimos años, los transportes públicos como autobuses, taxis, metrobús y aviones han realizado cada vez más adecuaciones para atender las necesidades de estas personas.

Sin embargo, aún queda mucho por hacer en este sentido, por lo que será labor de todos y de quienes presentan esta condición y sus familias, solicitar y en algunos casos incluso exigir que se realicen las adaptaciones pertinentes.

Para esto se cuenta con el apoyo de diversas instituciones y asociaciones, como el Consejo Nacional para Prevenir la Discriminación (CONAPRED) y Libre Acceso, A. C., a las cuales se puede acudir para recibir la asesoría requerida y para hacer las denuncias correspondientes.

En la actualidad, cada vez se construyen más escuelas, parques, academias de arte y centros deportivos accesibles que promueven el desarrollo y la integración de los niños con discapacidad.

¿Qué apoyos requieren los niños con discapacidad motriz?

Los niños con discapacidad motriz necesitan el apoyo de aparatos ortopédicos que les permitan desplazarse de manera independiente y deberán ser adecuados conforme a su estatura, peso, edad y condición particular. Considerando el tipo de daño que presenten y el lugar del cuerpo que esté afectado, podrán ayudarse con muletas, bastones, andaderas, silla de ruedas, aparatos especiales para sostener o inmovilizar los miembros afectados, zapatos especiales y/o barandillas.

Los médicos especialistas en ortopedia o los fisioterapeutas serán los responsables de determinar el tipo de aparato

que requerirá cada niño, de adaptarlo a su medida y enseñarle la forma correcta para utilizarlo.

Existen casas de ortopedia y asociaciones como Aktiva, que pueden sugerir y elaborar de manera especial sillas de ruedas y otros aparatos, con el fin de que resulten útiles y seguros para el usuario.

Si como resultado de algún accidente o de malformaciones congénitas, el niño no tiene alguno de sus miembros, se indicará la colocación de una prótesis ortopédica para realizar las funciones de esa parte del cuerpo.

En algunas zonas rurales o marginadas se requiere elaborar este tipo de aparatos con recursos naturales disponibles y adaptarlos para que funcionen en caminos empedrados o en terracería. En estos casos, se recomienda revisar el libro de David Werner titulado *Nada sobre nosotros sin nosotros*, publicado por Editorial Pax México, en el cual se ofrece una serie de opciones para adaptar aparatos requeridos por personas con discapacidad que viven en estos lugares y tienen pocas posibilidades económicas.

Los aparatos se deberán considerar como instrumentos que ayudan al niño a desplazarse con facilidad, a ser independiente, a estar más seguro y a sentirse más cómodo.

En un principio, a la familia de este niño se le dificulta aceptar que utilice los aparatos ortopédicos que requiere, pues cuesta trabajo enfrentar su discapacidad. No obstante, estos instrumentos serán de gran ayuda para los padres, pues fomentarán en gran medida la independencia del niño, les ayudarán a transportarlo y les permitirán tener la opción de salir de casa con más facilidad.

Por otra parte, estos niños necesitarán el apoyo físico de adultos o de compañeros para poder asearse, vestirse, colocarse sus aparatos y transportarse. En las tiendas de aparatos ortopédicos se ofrece una gran variedad de instrumentos y accesorios para facilitarles la vida, como sillas especiales para bañarse sentados, asientos para poder ir al baño con seguridad, tablas para trasladarse de una silla de ruedas a otro asiento, camas con mecanismos electrónicos que permiten cambios de posición, entre otros.

Es muy recomendable que las personas que cuidan a un niño con esta condición eviten cargarlo y solucionarle con rapidez sus necesidades, pues al hacer esto limitan su capacidad, su posibilidad de desarrollo y su independencia. Aun cuando no es fácil ver que un niño tiene problemas para moverse, hay que permitirle que lo intente y apoyarlo con paciencia para que logre lo que es capaz de hacer.

Sin duda, uno de los mayores apoyos que requieren estos niños, será eliminar los obstáculos o barreras arquitectónicas que existan. Por consiguiente, hay que continuar promoviendo la construcción de más lugares accesibles, por medio de la instalación de rampas en las calles, elevadores, puertas grandes, señalamientos y otras modificaciones que permitan el acceso a los lugares públicos como tiendas, escuelas, hospitales, restaurantes, centros recreativos y otros edificios, cabinas telefónicas, mostradores y sanitarios, así como de estacionamientos especiales para personas con discapacidad, los cuales deben estar cerca de las puertas de entrada y señalados con la imagen de una silla de ruedas. De igual manera, deberá contarse con personal de servicio capacitado para auxiliar a las personas con discapacidad.

TRATAMIENTOS Y TERAPIAS PARA niños CON DISCAPACIDAD MOTRIZ

El niño con discapacidad motriz requiere recibir terapia física y de rehabilitación, para adquirir el mayor movimiento posible tomando en cuenta su condición y aprender a desplazarse con el uso de apoyos y aparatos especiales.

Esta terapia será proporcionada por un terapista físico, también llamado fisioterapeuta acreditado para implementar todos los patrones de motricidad, de coordinación y de habilidades necesarias, que permitirán poco a poco al pequeño acercarse a lo que se conoce como el desarrollo promedio que presentan la mayoría de los niños que no muestran una discapacidad.

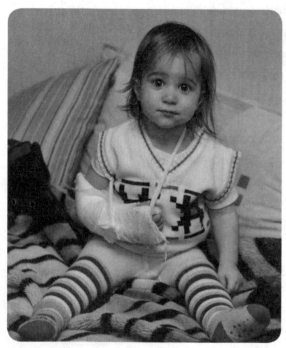

La fisioterapia es un método terapéutico dirigido específicamente para recuperar y mejorar las alteraciones de los músculos y articulaciones, así como la postura y el movimiento de las personas con discapacidad motriz. En el tratamiento de niños, se busca integrar los diferentes sistemas que utiliza el cuerpo para realizar sus funciones motrices, de modo que adquiera autonomía y se adapte a su medio considerando también los aspectos del desarrollo psicológico, social y educativo.

Es fundamental estimular y ordenar la motricidad para que se pueda organizar la percepción visual, la integración sensorial, el sistema laberíntico (que es el que permite el equilibrio), el sistema propioceptivo (que informa sobre el funcionamiento armónico de los músculos, tendones y articulaciones), la coordinación visomotriz, la coordinación de diferentes partes del cuerpo, etcétera.

En la medida en que se logre esta organización y se mejoren los sistemas de funcionamiento y coordinación corporal, se podrán suplir hasta cierto grado las dificultades y limitaciones que ocasiona una discapacidad motriz.

Además de lo anterior, la terapia física cuenta con diferentes técnicas de rehabilitación cuyo objetivo es aumentar la movilidad y la independencia del niño, mejorar sus habilidades para desenvolverse, conocer el manejo del dolor cuando existe y evitar así una mayor discapacidad.

Los niños con discapacidad motriz deberán recibir terapia física desde los primeros meses de vida para que aprendan a organizar sus movimientos, lo cual les permitirá obtener un mejor desarrollo y evitará que se atrofien las partes del cuerpo que se encuentran afectadas o con alteraciones.

El fisioterapeuta tendrá la labor de diseñar un plan de atención especial para cada paciente, según sus necesidades y objetivos, así como de enseñar a los padres y a las personas que cuidan al niño, las actividades y ejercicios que deberán trabajar con frecuencia en casa y en la escuela para mejorar su condición y su calidad de vida. De igual modo, proporciona una variedad de tratamientos encaminados a la rehabilitación de niños que perdieron sus habilidades motrices por enfermedades o accidentes que han ocasionado lesiones.

En sus tratamientos, estos especialistas implementan estrategias para controlar el dolor y la sensibilidad, como masajes terapéuticos, estímulos con diferentes grados de temperatura y ultrasonidos aplicados para lograr la mejoría del paciente de manera paulatina.

A continuación se describirán brevemente diversos tratamientos de terapia física, que se aplican con frecuencia durante varios años, para que los niños con discapacidad motriz alcancen un mejor desarrollo. En cada caso deberá determinarse cuál es la alternativa más conveniente para atender al paciente. Para esto se sugiere conocer los métodos que se aplican de manera directa, para tomar una mejor decisión con respecto al tratamiento del niño con dificultades de desarrollo. De ahí que se recomiende llevarlo con los diversos especialistas para ser valorado personalmente y de acuerdo con cada caso, seguir el tratamiento más conveniente.

También hay que tomar en cuenta el costo, el tiempo y la distancia que implicará esta decisión, dado que estos tratamientos deben aplicarse constantemente durante un periodo de tiempo prolongado y que será indispensable la perseverancia para obtener los mejores resultados.

En algunos casos, está indicado que el niño con esta condición reciba varios de estos tratamientos al mismo tiempo para obtener un mejor desarrollo, debido a que se complementan. Sin embargo, no hay que estimularlos ni cansarlos demasiado puesto que estos excesos pueden resultar contraproducentes.

TERAPIA DE NEURODESARROLLO

Es una terapia que requiere la intervención de un fisioterapeuta experimentado que trabaja para promover el desarrollo neurológico de los niños con una discapacidad ocasionada por diversos factores.

Esta terapia favorece la plasticidad cerebral, que se refiere a la posibilidad que tiene el cerebro para realizar nuevos contactos entre las neuronas conocidos como sinapsis, en los casos en que existe algún daño o lesión en el sistema nervioso.

Es importante realizar este tipo de intervención terapéutica para habilitar las funciones que compensan las deficiencias cognitivas, motoras, lingüísticas y conductuales que suelen presentarse en los niños con discapacidad.

Se recomienda iniciar estas sesiones lo más pronto posible, ya sea desde el nacimiento o en el momento en que se detecte que existe un problema, aun cuando no se cuente con un diagnóstico definitivo.

El fisioterapeuta elaborará un programa de habilitación para el niño, considerando su condición particular en conjunto con la familia y los educadores. En dicho programa se plantearán objetivos a corto y largo plazo con la finalidad de mejorar su calidad de vida.

Durante las sesiones que se llevarán a cabo con frecuencia, se trabajará con el niño y se explicará a los padres la manera de aprovechar las actividades de la vida cotidiana para estimular constantemente a su hijo. Por ejemplo, se les harán varias recomendaciones, como colocar al pequeño en posturas que lo lleven a realizar movimientos encaminados para que sostenga la cabeza, adquiera fuerza en los brazos y piernas; se estimule mediante diferentes sonidos y objetos visuales de colores; pronuncie durante la comida y demás actividades los nombre de los objetos y alimentos que está utilizando o consumiendo –vaso, plato, taza, leche y otros–, de modo que aprenda y extienda su vocabulario.

MÉTODO BOBATH

Esta técnica creada por el médico neuropsiquiatra Karl Bobath y por la fisioterapeuta Berta Bobath en Londres, Inglaterra, se basa en la capacidad del cerebro para reorganizarse después de sufrir una lesión, lo que permite que las partes sanas del sistema nervioso aprendan cómo compensar las funciones que fueron realizadas por las regiones dañadas del cerebro.

El método Bobath es en resumen, una forma de equilibrar el cuerpo en cuanto a su funcionalidad y movilidad. Consiste en inhibir los reflejos anormales y facilitar los patrones de movimiento mediante el tratamiento aplicado directamente al paciente. El objetivo es que el pequeño con dificultades motrices adquiera los movimientos normales en lugar de los que está acostumbrado a realizar, tomando en cuenta que los niños aprenden en gran medida por repetición.

Los pequeños con discapacidades que afectan el sistema neurológico suelen utilizar patrones anormales de coordinación de la postura y del movimiento para llevar a cabo las actividades de cada día, compensando su condición con movimientos inadecuados que son los que provocan desequilibrios en su cuerpo.

Las reacciones posturales que se adquieren por medio del método Bobath, buscan lograr la postura y el equilibrio adecuados en el cuerpo, para lo cual se requiere que el niño realice los siguientes movimientos:

* Sostener la cabeza en posición normal en el espacio (cara vertical y boca horizontal).
* Mantener reacciones laberínticas (cabeza alineada con el tronco).
* Restaurar la colocación normal de la cabeza y el tronco después de cambiar de posición.
* Presentar la rotación del eje del cuerpo.
* Promover la orientación postural y el ajuste por la visión.

✳ Buscar reacciones de equilibrio que hacen posible la adaptación postural y el balance.

Los resultados de esta terapia se sustentan también en la plasticidad cerebral que tienen los niños durante los primeros años de vida, la cual permite el establecimiento de nuevas estructuras sinápticas entre las neuronas que estuvieron dañadas o alteradas por causa de malformaciones o lesiones. Estas nuevas estructuras sinápticas son las que hacen que sea posible la rehabilitación de diversas partes del cuerpo. Por medio de la aplicación de la terapia se podrán compensar, habilitar o mejorar las deficiencias cognitivas, motoras, lingüísticas y conductuales que pueden presentar los niños con discapacidad.

Para la aplicación de este tratamiento se requiere de colchonetas, pelotas, espejos, rodillos y otros materiales que facilitan la intervención del especialista, quien con sus manos y su cuerpo sostiene e indica al niño los movimientos y posturas adecuados.

Estos ejercicios se deben realizar con frecuencia y secuencias específicas que permitan la repetición, para lograr que el pequeño internalice estos patrones de movimiento.

Terapia Vojta

Este método, también conocido como terapia de locomoción refleja, fue creado para el tratamiento fisioterapéutico de las alteraciones motoras por el doctor Véclav Vojta en Checoslovaquia y difundido después en Alemania y otros países del mundo.

El tratamiento consiste en desencadenar en los bebés con dificultades motrices dos mecanismos automáticos de locomoción que están programados en el sistema nervioso central del ser humano: la reptación y el volteo reflejo.

Se plantea que a partir de determinadas posturas (boca arriba, de lado y boca abajo) se provoque un pequeño estímulo de presión con los dedos en determinados puntos del cuerpo conocidos como zonas de estimulación, sin necesidad de dar instrucciones verbales al niño. El cerebro reacciona ante estos estímulos con una respuesta motora global, pero diferenciada en todo el cuerpo, que incluye los músculos y las articulaciones. Tal respuesta motora tiene como resultado que en cada una de las extremidades aparezca una función diferente, constituyéndose así unas como extremidades de apoyo y otras como las que realizan los movimientos.

Cuando se ejerce resistencia al movimiento de impulso del cuerpo, se mantiene durante algún tiempo la respuesta motora global y ésta se hace cada vez más intensa al trabajar en contra de la resistencia.

El objetivo de esta terapia es activar y mejorar los mecanismos motores y posturales automáticos necesarios para la realización de la función motora humana: la locomoción en dos pies y la prensión de las manos. Así se activan las áreas motoras cerebrales, que son las que influyen de manera importante para enderezar el cuerpo, mantener el equilibrio y lograr los movimientos intencionales.

El grado de mejoría que se obtiene por medio de este tratamiento es asombroso. Sin embargo, los cambios dependerán también de la gravedad de la lesión y de la capacidad de reorganización cerebral de cada persona.

La terapia Vojta se puede aplicar en los bebés desde las primeras semanas y meses de vida, así como durante la infancia, observándose cambios y mejoras en el desarrollo motor de los niños con discapacidades como parálisis cerebral, retrasos del desarrollo, bajo tono muscular y otras alteraciones. La terapia de este tipo no es dolorosa. La técnica consiste en ejercer presión con los dedos en determinadas zonas de estimulación del cuerpo, estando el niño acostado sobre una mesa con un colchón firme en diferentes posturas (boca arriba, boca abajo y de lado).

El estímulo provoca un movimiento automático y global del cuerpo, cuando se pone en resistencia durante uno o dos minutos.

Este esfuerzo muscular, parecido al ejercicio físico, es el que suele ocasionar el llanto en los niños, quienes se quejan por el esfuerzo que se les obliga a realizar y no porque se les esté lastimando.

Una vez que el fisioterapeuta deja de aplicar la resistencia, el estímulo desaparece y el menor se tranquiliza. Es verdad que en un principio no es agradable tener que someter a un niño pequeño a estos tratamientos, pero si consideramos los beneficios que se podrán obtener a corto y largo plazos en su desarrollo, podremos estar seguros de que de esta manera se le ayudará a crecer mejor y con más fortaleza tanto física como emocional.

Después de valorar al niño, el terapeuta certificado en la técnica Vojta elegirá los ejercicios indicados en cada caso, los aplicará durante algunas sesiones semanales y entrenará a los padres para que puedan practicarlos con la frecuencia necesaria en su casa, para obtener así una mejora más rápida en la condición física y una adecuada calidad de los movimientos.

Se ha observado que la mayoría de los niños que reciben esta terapia desde muy pequeños, muestran mejores reacciones a los estímulos externos, mayor coordinación, y llegan a establecer relaciones interpersonales con las demás personas con más facilidad.

TERAPIA CRANEOSACRAL

El principal objetivo de la terapia craneosacral es lograr la autorregulación y el equilibrio del niño partiendo de la idea de que éste cuenta con una inteligencia inherente para autosanarse.

Existe un sistema situado entre los huesos del cráneo y el cerebro, que se prolonga dentro de la columna vertebral hasta llegar al sacro, al que se le denomina sistema craneosacral. Se trata de un sistema hidráulico por donde fluye el líquido cefalorraquídeo que irriga la médula y el cerebro.

Esa fluctuación del líquido a lo largo de su recorrido tiene un ritmo de ascenso y descenso que se conoce como movimiento respiratorio primario, ya que fue anterior al movimiento respiratorio pulmonar, el cual comienza hasta el nacimiento.

El terapeuta especializado en esta técnica, coloca las manos con suavidad en varios puntos del cráneo del niño con el fin de lograr el ritmo adecuado y eliminar los obstáculos que permitan la circulación de este líquido, lo que favorecerá el mejor funcionamiento del organismo en diversos aspectos.

Esta técnica, también conocida como osteopatía, es recomendable para personas con dificultades posturales o con malformaciones en la columna vertebral como escoliosis y cifosis, así como para niños que nacieron en un parto difícil o por cesárea, con problemas de desarrollo, con dificultades de atención y concentración, con discapacidad ocasionada por parálisis cerebral, autismo, diversos tipos de síndromes genéticos, inmadurez intelectual, ceguera y otras alteraciones que afectan el funcionamiento del cuerpo y la vida del paciente.

Los cambios, tanto físicos como emocionales, que se observan con la aplicación de esta técnica son sorprendentes, ya que al mejorar el equilibrio del cuerpo los niños se tranquilizan, duermen mejor, disminuyen sus molestias, cambian de humor y esto tiene un efecto muy importante en su vida cotidiana.

RECOMENDACIONES GENERALES PARA TRATAR A UN NIÑO CON DISCAPACIDAD MOTRIZ

Los niños con discapacidad motriz son capaces de pensar por sí mismos, de expresar sus pensamientos y de manifestar sus deseos, aun cuando en ocasiones tengan dificultades para coordinar su cuerpo, expresarse o realizar diferentes movimientos.

Por lo anterior, se recomienda lo siguiente:

- Escuchar al niño con atención y preguntarle antes de moverlo si requiere algún tipo de apoyo o atención especial, para aprender cómo se le puede ayudar a desplazarse.

- Considerar que un niño con esta condición no está enfermo y que puede tener fuerza en ciertas partes de su cuerpo, lo que le permite suplir algunos de los movimientos que no puede realizar con los miembros que se encuentran inmóviles o alterados.

- Procurar estar a la misma altura del niño cuando se le hable, para lo que será necesario sentarse a su lado, ya que así se sentirá más cómodo y podrá establecer una mejor comunicación.

- Trasladar al menor con discapacidad motriz intentando que se sienta cómodo y seguro. Para esto conviene avisarle antes de moverlo y anticiparle el lugar al cual se dirigen, platicarle durante el recorrido, y preguntarle lo que necesita en particular.

 Estar dispuesto a ayudarle a resolver sus necesidades cotidianas de alimentación, aseo y descanso, tratando de hacerlo pronto para que no se sienta incómodo por periodos prolongados y esto aumente su frustración. A la vez habrá que esforzarse para lograr que sea lo más independiente posible y que comprenda que las demás personas también tienen sus propias necesidades.

 Por último, se recomienda tener mucha paciencia cuando lo atienda e intente ponerse en su lugar para poder entender mejor sus necesidades particulares.

La educación para el niño con discapacidad motriz

Por lo general los niños con discapacidad motriz tienen la misma capacidad intelectual que los compañeros de su misma edad para estudiar y aprender los programas que se imparten en una escuela de educación regular. Sin embargo, los maestros que se hacen cargo de estos pequeños deberán estar capacitados para realizar las adecuaciones necesarias en estos casos, así como conocer las posibilidades que su alumno tiene para desplazarse y comunicarse con los demás. También le ofrecerán los medios adecuados para propiciar su aprendizaje; por ejemplo, plumas y máquinas especiales que permitan la escritura de los niños con dificultades motrices en brazos y manos.

Los maestros habrán de distinguir una discapacidad motriz de las otras discapacidades. Por ejemplo, cuando existan problemas de lenguaje, tendrán que encontrar la manera de comunicarse con su alumno, ya que su condición no implica necesariamente que tenga también problemas intelectuales o de aprendizaje.

En el aspecto educativo, hay que tomar en cuenta que los niños con discapacidad motriz suelen experimentar frustraciones que afectan su estado de ánimo y su autoestima, debido a que su cuerpo no reacciona con la rapidez y la precisión que necesitan. Por esto, se sugiere escucharlos, tratarlos con calidez, señalar sus logros y evitar en lo posible las situaciones que les incomoden.

En algunos casos, estos pequeños muestran dificultades para coordinar sus movimientos finos y gruesos, por lo que será necesario ejercitarlos, motivarlos y facilitarles material

adaptado como: colores gruesos, tijeras espe-ciales, cucharas adaptadas, entre otros, para que adquieran mayor precisión en sus movimientos.

En el libro de Cecilia Freeman titulado *Cómo integrar a niños con necesidades especiales al salón de clases con gimnasia para el cerebro*, de Editorial Pax México, se describen ejercicios y adaptaciones especiales que pueden ser útiles para tratar a los niños con esta condición.

El profesor deberá asegurarse de que su alumno se encuentre colocado en la postura adecuada en un asiento que le permita trabajar y que cuente con el material accesible que requiere para su aprendizaje. Será también labor suya promover que los niños con discapacidad motriz se integren a sus compañeros en las actividades escolares, ya que de esta manera toda la comunidad aprenderá cómo tratar y apoyar a estos pequeños para que se desarrollen mejor.

SUGERENCIAS PARA PROMOVER LA ADAPTACIÓN DE UN NIÑO CON DISCAPACIDAD MOTRIZ AL MEDIO FAMILIAR Y ESCOLAR

Como se ha mencionado, el niño con discapacidad motriz requiere vivir con adaptaciones en su casa, en los lugares que conforman su entorno cotidiano y de manera especial en la escuela, ya que éste será el primer espacio en donde podrá desplazarse de manera independiente fuera de su hogar. Por lo tanto, desde que es pequeño, será importante adaptar su espacio paulatinamente considerando las modificaciones convenientes de acuerdo con su edad.

Las siguientes son algunas recomendaciones para adaptar los espacios de los niños con discapacidad:

* Colocar colchonetas o tapetes de materiales suaves y firmes en el piso y en las paredes cuando se tiene un bebé o un niño en edad preescolar con discapacidad motriz. Esto le permitirá realizar sus primeros movimientos y ejercicios en una superficie cómoda a la vez que estable y segura.

* Poner un espejo de cuerpo entero, el cual será muy útil para el desarrollo del niño porque al verse con frecuencia podrá integrar su imagen corporal y conformar su identidad.

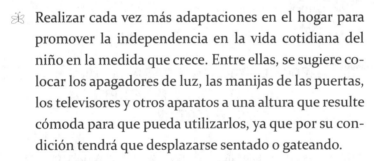

* Instalar barras en las paredes cuando el niño comience a caminar para que pueda desplazarse con más facilidad y seguridad. En algunos casos, puede ser útil proteger su cabeza con un casco, para evitar golpes mayores que puedan lesionarlo.

* Realizar cada vez más adaptaciones en el hogar para promover la independencia en la vida cotidiana del niño en la medida que crece. Entre ellas, se sugiere colocar los apagadores de luz, las manijas de las puertas, los televisores y otros aparatos a una altura que resulte cómoda para que pueda utilizarlos, ya que por su condición tendrá que desplazarse sentado o gateando.

* Asegurarse de que la escuela cuente con las adaptaciones necesarias tomando en cuenta las condiciones del lugar, para aumentar así la independencia e integración del niño con los demás alumnos.

* Se sugiere realizar con detenimiento el recorrido que necesitará hacer el niño con discapacidad durante un día ordinario en silla de ruedas o con aparatos especiales. Así se ubicarán los lugares en los que haya que hacer modificaciones como rampas, elevadores, barras,

puertas con entrada amplia, muebles con la altura adecuada, sanitarios accesibles, adecuaciones de las
áreas recreativas, entre otras. Algunas asociaciones como Libre Acceso, A. C. cuentan con profesionales

especializados para ofrecer asesoría en las escuelas e
instituciones de atención infantil, con el propósito de
detectar con precisión las necesidades de las personas
con discapacidad y adaptar los espacios para hacerlos
accesibles.

Por lo general, las adaptaciones en los hoga-
res, las escuelas y otros lugares públicos pueden
realizarse con facilidad y no demandan una alta
inversión. Más bien, lo que se necesita es la disposición de las autoridades escolares y la sensibilización
del personal docente y de servicio, para recibir a los
niños con estas características.

RECOMENDACIONES PARA MEJORAR EL APRENDIZAJE DE UN NIÑO CON DISCAPACIDAD MOTRIZ

Los niños con discapacidad motriz deberán participar desde
pequeños en todas las actividades que pueden realizar
los menores de su edad, considerando las adaptaciones
que permitirán que conozcan lo que se aprende en la vida
cotidiana.

Las siguientes son algunas recomendaciones para promover el desarrollo intelectual de los niños con discapacidad motriz, puesto que el movimiento es una actividad
fundamental para desarrollar el aprendizaje de los seres
humanos:

❈ Buscar maneras creativas para suplir y compensar las dificultades de movimiento en el niño, procurando no afectar el aprendizaje durante edades tempranas.

❈ Mover con frecuencia las extremidades del niño y cambiarlo de posición para que pueda conocer su cuerpo y sus funciones.

❈ Ubicar las áreas del cuerpo que presentan menos alteraciones, para enseñarle a utilizar sus capacidades lo más posible tomando en cuenta su condición.

❈ Proporcionar a los niños con dificultades en brazos y manos, material especial como cuentas para ensartar, hilos de estambre, aros, rompecabezas de madera, juegos para armar, legos, entre otros, con miras a mejorar su motricidad fina.

❈ Colocar asientos o cojines especiales para los pequeños con discapacidad motriz que no puedan sostenerse en posición vertical; de esta manera podrán aprender desde la misma perspectiva en que lo hacen los demás niños, sin tener que realizar esfuerzos físicos excesivos que distraigan su atención y dificulten su concentración.

Por último, será muy importante que las personas que atienden a un niño con discapacidad motriz, conozcan con precisión las causas de su discapacidad, pues será muy diferente tratar a un niño con problemas motrices ocasionados por una parálisis cerebral, que a uno con distrofia muscular o con lesiones medulares debido a un accidente.

Juguetes que se recomiendan para los niños con discapacidad motriz

Es importante seleccionar con cuidado los juguetes que usará un niño con discapacidad motriz, considerando el tipo que presenta, las partes del cuerpo que se encuentran afectadas y las dificultades de movimiento particulares; el objetivo es que puedan realizar el mayor número de actividades recreativas con adaptaciones y participar en diversos tipos de juegos.

A continuación se mencionan algunos juguetes accesibles que facilitarán la participación de los niños con discapacidad motriz en los juegos:

- ✾ Juguetes que pueden ser manipulados mediante técnicas motrices que los propios niños puedan controlar, como cubos o torres.
- ✾ Juguetes que dispongan de pulsadores o botones, que sean accesibles y fáciles de utilizar como los de control remoto, las grabadoras o los juegos que producen sonidos al presionarlos.
- ✾ Juguetes de armar que se encajen con facilidad como los legos, rompecabezas de madera y otros similares.
- ✾ Juguetes con estructuras grandes tipo mobiliario, por ejemplo, casas de campaña o areneros, con dimensiones que permitan introducir una silla de ruedas para facilitar el acceso.

- ❀ Juguetes cuyas funciones faciliten las acciones y los movimientos del niño, como mover, deslizar, armar, desarmar o apretar.

- ❀ Juegos de mesa que no requieran mucha rapidez de movimientos o que tengan la opción de regular los tiempos de respuesta.

- ❀ Juguetes que no obliguen a efectuar movimientos simultáneos cuando existan problemas importantes de coordinación.

También se recomienda realizar algunas adaptaciones en los juegos para que los niños que presentan esta condición puedan participar:

- ❀ Fijar las bases de los juguetes con velcro, imanes u otros materiales para evitar movimientos no deseados que dificulten el juego del niño.

- ❀ Modificar los vestidos de los muñecos, por ejemplo, poner material de velcro en las costuras en vez de botones, con el fin de que resulte más fácil cambiar su ropa.

- ❀ Engrosar piezas, mangos o agarraderas para facilitar su sostén o manipulación.

- ❀ Utilizar asientos especiales, reposacabezas, chalecos o cinturones de sujeción, para facilitar la postura vertical y promover el juego.

- ❀ Colocar cuerdas o varillas en los juguetes para que se puedan mover y/o arrastrar a distancia con facilidad.

- ❀ Modificar las dimensiones del juguete en cuanto a su altura y profundidad para permitir el acceso del niño con aparatos especiales en forma frontal.

Debido a que los niños con discapacidad motriz por lo general son capaces de jugar fácilmente con muñecos, carros y demás objetos que representan la vida cotidiana de los adultos como casitas, cocinas, autos, herramientas, instrumentos médicos, etc., será muy importante la práctica de este tipo de juego conocido como simbólico, pues beneficiará en gran medida su desarrollo y aprendizaje al imitar la vida de los adultos.

Finalmente, se deberá buscar juguetes seguros o realizar las adaptaciones necesarias en algunos de éstos, para favorecer que los niños con discapacidad motriz puedan subir a un columpio sujetados, jugar en un arenero, y en general participar en un mayor número de actividades recreativas tomando en cuenta su edad y su condición.

DIRECTORIO DE INSTITUCIONES QUE ATIENDEN A PERSONAS CON DISCAPACIDAD MOTRIZ

Aktiva
Teléfonos: 5383-5343 y 04455-3550-3373

Asociación Mexicana Pro Parálisis Cerebral (APAC)
Teléfono: 9172-4620

Centro Nacional de Rahabilitación
Teléfono: 5999-1000

Centros de Atención Múltiple del DIF (CAM)
Teléfono: 5440-3304

Entrenamiento físico para personas con miembros amputados
Teléfono: 5550-9909

Escuela de tenis para niños con discapacidad
Teléfono: 04455-3767-7213

Espina bífida e hidrocefalia. Federación de asociaciones
Teléfonos: 5769-6172 y 5753-3421

Fundación Bertha O. de Osete, I. A. P.
(fabricante de sillas de ruedas,
andadores, bastones, etcétera)
Teléfono: 5520-9474

Hospital Shriners para Niños México
Teléfono: 5424-7850

Libre Acceso, A. C.
Teléfono: 5585-0819

**Taxis Accesibles
(Distrito Federal)**
Teléfonos 5612-5293 y 04455-2944-4066

Terapia Bobath
Neurodesarrollo Lindavista
Teléfono: 5989-3800

Terapia para el Desarrollo, S. C.
Teléfonos 9116-7278 y 9172-4620
terapiaparaeldesarrollo@yahoo.com.mx

Otros países

**Confederación Coordinadora Estatal de
Minusválidos Físicos de España**
www.cocemfe.es

**Red Iberoamericana de Entidades de Personas con
Discapacidad Física**
www.cocemfe.es/lared/

Discapacidad intelectual

La discapacidad intelectual se refiere a las dificultades que se presentan en el razonamiento, el aprendizaje, la planificación, la solución de problemas, el pensamiento abstracto y la conducta adaptativa de una persona.

Estas alteraciones se pueden observar en la motricidad, la comunicación, la atención, la percepción, la memoria, la inteligencia, el comportamiento, el cuidado personal y la socialización con otras personas.

Debido a la diversidad de síntomas, la discapacidad intelectual suele confundirse con otros tipos de discapacidad o con enfermedades que ocasionan manifestaciones parecidas.

Los niños con discapacidad intelectual crecen más despacio que los demás pequeños de su edad y su evolución en las diversas áreas del desarrollo se encuentra desfasada. Sin embargo, se ha observado que cuando se les brindan las oportunidades adecuadas, logran adquirir diversas habilidades para desenvolverse en su medio.

En ocasiones, para definir al niño con discapacidad intelectual se utilizan términos como retrasado mental, deficiente intelectual y otros que, lejos de promover su desarrollo e integración, resultan ofensivos y despectivos para esa persona.

Otras veces, se utiliza el término discapacidad intelectual para referirse a la discapacidad mental de origen psiquiátrico y es muy importante diferenciar estas dos situaciones.

La discapacidad intelectual no necesariamente tiene relación con la pérdida de la realidad, lo que sí ocurre en la discapacidad mental. Las personas con discapacidad intelectual presentan rasgos físicos diferentes, dificultades para comunicarse y conductas inadecuadas que en ocasiones producen esta confusión.

A lo largo de la historia se conocen casos de niños con discapacidad intelectual que fueron eliminados por su sociedad de manera trágica o recluidos en hospicios para evitar hacerse cargo de ellos.

En los últimos años, esta situación ha cambiado y los niños con discapacidad intelectual pueden integrarse cada vez más a las actividades de su entorno, con lo que tanto ellos como el resto de la sociedad se enriquecen.

Según datos de la ONU, cerca del 10% de la población total mundial presenta algún tipo de discapacidad; de este total, se calcula que alrededor de un 20% de ellos vive con discapacidad intelectual.

Estas cifras nos muestran que son muchas las personas con discapacidad intelectual en el mundo, las cuales necesitan la integración y el apoyo de su entorno social para tener calidad de vida.

Es fundamental ofrecer a los niños con esta discapacidad las oportunidades que requieren para desarrollarse, empezando por los tratamientos y terapias necesarios para obtener logros y no limitarlos antes de que demuestren lo que sí son capaces de hacer.

La discapacidad intelectual no es una enfermedad, es una condición de vida que implica un desarrollo diferente en cada niño. Cada uno de ellos tendrá una personalidad propia, presentará diversas alteraciones y manifestará un grado de daño intelectual variable según el caso.

Por lo anterior, cuando se atiende a un niño con discapacidad intelectual hay que conocerlo en forma detallada para identificar sus verdaderas capacidades y dificultades, ya que en general entienden más de lo que parece, son capaces de realizar muchas actividades y aprenden diferentes habilidades, aunque para esto se les debe dedicar tiempo y paciencia.

¿CUÁLES SON LOS TIPOS DE DISCAPACIDAD INTELECTUAL?

Desde hace varios años se ha intentado clasificar la discapacidad intelectual y los especialistas han tenido dificultades para establecer las definiciones precisas.

Considerando la información proporcionada por la Organización Mundial de la Salud, de manera general la discapacidad intelectual puede clasificarse en los siguientes tipos: leve, moderada, severa y profunda.

⚜ Discapacidad intelectual leve: la persona mantiene una comunicación sencilla, alcanza independencia en el cuidado personal, desarrolla habilidades sociales y de comunicación (verbal y no verbal) y suele presentar algunas dificultades de aprendizaje generalizadas.

⚜ Discapacidad intelectual moderada: la persona muestra lentitud en el desarrollo de la comprensión y el uso del lenguaje. Su capacidad de cuidado personal y sus funciones motrices están en desventaja en relación con los demás; sin embargo, puede lograr un desarrollo social adecuado y participar en actividades sencillas.

❀ Discapacidad intelectual severa: la persona tiene un desarrollo psicomotor limitado y una articulación del lenguaje deficiente. Suele reconocer algunos signos y símbolos, llega a adquirir ciertas destrezas y habilidades necesarias para la vida diaria, pero otro debe responsabilizarse de supervisar que estas funciones se realicen adecuadamente.

❀ Discapacidad intelectual profunda: debido al grado de daño cerebral, la persona presenta poca movilidad de su cuerpo, no controla esfínteres, su pensamiento es limitado y requiere supervisión y apoyo constantes, para realizar las actividades de la vida cotidiana y poder relacionarse con los demás.

Para diferenciar el tipo de discapacidad intelectual de un niño, hay que consultar con un médico neuropediatra y un psicólogo especializado, quienes se encargarán de determinar el tratamiento que se requiere y que permitirá al niño ser atendido en forma oportuna y adecuada.

Se ha observado que cuando los niños con este tipo de discapacidad reciben los tratamientos indicados desde que son muy pequeños, logran un mejor desarrollo en diversas funciones. Esto se debe a que durante los primeros años de vida se presenta un fenómeno conocido como plasticidad cerebral, el cual se refiere a la capacidad del cerebro para regenerar o establecer nuevas conexiones neurológicas cuando éstas se encuentran dañadas.

El grado de discapacidad que muestre una persona determinará en gran medida su autonomía y su capacidad de integración social. Sin embargo, debemos tomar en cuenta que el proceso de integración dependerá tanto de la persona con discapacidad intelectual como de su medio ambiente.

CAUSAS DE LA DISCAPACIDAD INTELECTUAL

La discapacidad intelectual es ocasionada por diversos factores que pueden ocurrir antes del nacimiento o en el transcurso de la vida; éstos pueden tener origen genético, congénito o adquirido.

- Causas genéticas: éstas se deben a la presencia de genes heredados por los padres y alteraciones en la combinación genética durante las primeras etapas del desarrollo embrionario. Se ha observado que las parejas muy jóvenes y las de edad avanzada son más propensas a tener bebés con estas características, aunque esto no es una regla general.

- Causas congénitas: tienen su origen en las malformaciones del sistema nervioso, partos prematuros, enfermedades infecciosas, adicciones, desnutrición y exposición a sustancias tóxicas durante el embarazo. En estos casos, también se incluyen algunas enfermedades metabólicas como el hipotiroidismo congénito y la fenilcetonuria.

- Causas adquiridas: son ocasionadas por algún accidente, maltrato o enfer- posterior al nacimiento como encefali- tis, meningitis, golpes en la cabeza, fal- ta de oxigenación cerebral, exposición a toxinas como plomo y mercurio, y otras situaciones que pueden provocar graves e irreparables daños en el cerebro y en el sistema nervioso central.

Si bien en muchas ocasiones se desconocen las causas específicas que provocan una discapacidad intelectual, debemos determinar, en la medida de lo posible, el origen de esta situación para encontrar y aplicar los tratamientos que sean más efectivos.

¿Qué hago con un niño con DISCAPACIDAD INTELECTUAL?

La presencia de un niño con discapacidad intelectual en una familia, es una situación que ocasiona confusión, dolor y dificultades de aceptación, principalmente en los padres, pues ellos serán los primeros que tendrán que hacer frente a la condición de su hijo, además de encontrar la manera de brindarle una atención especial, sobre todo durante sus primeros años de vida.

La atención temprana será esencial para establecer una relación adecuada con el niño y favorecer el desarrollo de todos sus sentidos, lo que promoverá su crecimiento, su independencia y le permitirá conocer su entorno.

Los padres de un niño con esta discapacidad, suelen sentirse muy confundidos porque su hijo manifiesta a la vez alteraciones en diversos sentidos, por lo que resulta complicado identificar con precisión sus dificultades en la vista, el tacto, el lenguaje y el área motriz. Esto quiere decir que los niños con este tipo de discapacidad, requieren acudir con diversos especialistas para comprender su situación particular, mejorar su desarrollo y lograr adaptarse en su sociedad.

Debido a estas alteraciones en algunos sentidos, además de dificultades de comprensión y aprendizaje, su familia pue-

de imaginar que el pequeño no entenderá lo que se le dice y se dificultará establecer una relación con él. Otro temor que aparece en los padres se refiere a que la conducta del niño tiende a ser inadecuada y espontánea, lo que podrá ocasionar que los demás lo rechacen. No obstante, estos temores basados en prejuicios no tienen razón de ser, siempre y cuando se acepte la condición del pequeño y se promueva la integración en su entorno.

Estos niños manifiestan también dificultades de comunicación y de expresión, así como problemas de conducta que obstaculizan sus relaciones interpersonales. Estas dificultades influyen en gran medida en su comportamiento y estado de ánimo, por lo que es común que parezcan malhumorados y presenten conductas inadecuadas como aislamiento, gestos exagerados, golpes o berrinches con el fin de llamar la atención y disminuir la frustración que produce no poder expresarse con facilidad.

Cuando los padres permiten que su hijo se relacione con las demás personas con naturalidad, el niño con discapacidad intelectual suele despertar sentimientos de afecto y ternura en las personas, lo que favorece su interacción con el medio.

Hay que tomar en cuenta que los niños con discapacidad intelectual tienen las mismas necesidades de afecto, alimentación, disciplina, comprensión, aprendizaje e independencia que los demás. Sin embargo, en estos casos será necesario establecer límites fuertes y claros que permitan que aumente su seguridad y asimilen que sus actos tienen consecuencias.

Por lo anterior, los padres, maestros y cuidadores de un niño con discapacidad intelectual, tendrán que identificar la manera en que éste puede desarrollar sus diferentes sentidos, así como ayudarle a disminuir las dificultades de comprensión y de aprendizaje.

Es frecuente que las personas cercanas a los niños con discapacidad intelectual se pregunten: ¿qué puede comprender un niño con discapacidad intelectual? ¿Qué pensamientos tiene? ¿Cómo se puede establecer una comunicación con él? ¿Será capaz de interactuar con los demás?

Para responder a algunos de estos cuestionamientos, será necesario acercarse al niño para conocerlo, dejar que exprese sus sentimientos, respetar sus reacciones y buscar los medios adecuados que permitan establecer alternativas de comunicación.

De esta manera, los padres, los hermanos y los familiares cercanos de un niño con discapacidad intelectual permitirán que éste se sienta aceptado, acogido y seguro en su entorno, lo que favorecerá que se integre paulatinamente en su sociedad. Lejos de lo que se imagina en un principio, este pequeño suele sorprender cuando consigue desarrollarse adecuadamente y obtiene múltiples logros.

Se considera que un niño presenta discapacidad intelectual cuando su funcionamiento cerebral está afectado por alguna lesión neurológica o cuando presenta inmadurez, lo que le ocasiona dificultades para aprender, razonar, planificar, resolver problemas y asumir consecuencias.

También se pueden presentar en estos casos complicaciones para desarrollar el lenguaje, la lectoescritura, el aprendizaje de las matemáticas, así como las habilidades sociales que se requieren para ser independiente y mostrar una conducta adaptativa.

Los niños que viven con esta condición tienden a ser muy sensibles, espontáneos y afectuosos con los demás, y entienden más de lo que parece. De ahí la importancia de tomarlos siempre en cuenta, tenerles paciencia, así como demostrar interés y respeto.

En ocasiones el pequeño con esta discapacidad experimenta frustración y coraje al darse cuenta de que no puede hacer con facilidad las actividades que desea o las que realizan los demás. Por esto, será necesario proponerle frecuentemente alternativas para que pueda expresar estos sentimientos con su familia, con alguna persona cercana o con un especialista que lo escuche.

Las alteraciones del comportamiento del niño con esta condición se observan en las dificultades que manifiesta para poder cuidar de sí mismo, para realizar las actividades de la vida cotidiana como transportarse, mantener un hogar y manejar el dinero, así como en los problemas que muestra para comunicarse adecuadamente y relacionarse con los demás.

Al niño con discapacidad intelectual se le deben proporcionar los medios que requiere para estimular el desarrollo de los sentidos que le funcionan adecuadamente, así como seguridad para que en un futuro tenga la posibilidad de salir a conocer el mundo con sus propios medios e iniciar así su proceso de independencia.

Si bien es cierto que los padres de un niño con esta condición tendrán que realizar un esfuerzo especial para apoyarlo en su desarrollo, si le brindan desde pequeño los medios y las herramientas que necesita para valerse por sí mismo, cuando sea adulto podrá realizar muchas actividades y asumir las responsabilidades de la vida cotidiana.

En la medida de lo posible, el niño deberá ser tratado como si no tuviera una discapacidad, ofreciéndole al mismo tiempo las oportunidades que requiere para desarrollarse, así como los tratamientos y apoyos especiales que le permitirán mejorar sus habilidades y adaptarse a su medio.

A este pequeño habrá que enseñarle con paciencia cómo funcionan las cosas, indicarle cuáles son los riesgos que existen a su alrededor y permitirle experimentar la realización de diferentes actividades. Considerando que no sabe que el niño tiene una discapacidad intelectual, se le tendrá que explicar cómo es su condición particular, en la medida en que sea capaz de comprender lo que le ocurre.

De igual forma, los padres tendrán que observarse con cuidado a sí mismos para adquirir conciencia del funcionamiento de sus propios sentidos y mediante esta experiencia, comprender mejor lo que le ocurre a su hijo y encontrar la manera adecuada para acercarse a él.

Será recomendable anticipar los eventos y las actividades que se piensan realizar, para que el niño con esta condición pueda imaginar previamente lo que va a hacer. También se sugiere mantener los objetos ordenados en un mismo sitio para que pueda ubicarlos con más facilidad. Estas medidas serán útiles para establecer un orden y favorecer la seguridad personal.

En la actualidad, las personas con esta discapacidad han logrado grandes avances en cuanto a su participación activa en la sociedad; cada vez podemos encontrar a más personas con esta condición que logran vivir solas, establecer relaciones de pareja, desplazarse en el sitio donde viven, transportarse de manera independiente, obtener logros académicos y conseguir un trabajo. Por tal motivo es fundamental no limitar su desarrollo en ningún momento, sino buscar las alternativas que le permitan encontrar los apoyos y las adaptaciones que requieren para obtener sus logros.

¿Qué es eso que siento....?

El pequeño que vive con esta discapacidad deberá asistir a una escuela regular como lo hacen los demás niños de su edad, contando con el apoyo y las adaptaciones necesarias para que pueda participar en las actividades académicas, recreativas, deportivas y culturales que le ayuden a desarrollarse mejor.

Todo esto parece fácil, obvio y muy sencillo, pero para que pueda ocurrir, se requiere del esfuerzo por parte de la familia, principalmente de los padres de ese niño, para encontrar y abrir los espacios necesarios que favorezcan que su hijo se desarrolle de la mejor manera posible dentro de su condición.

Para promover su educación, se sugiere poner en contacto al niño con discapacidad intelectual con el arte, ya que con ello encontrará alternativas que faciliten su expresión mediante la pintura, la música, la escritura y la danza.

Para favorecer la integración, sus actividades sociales deberán ser similares a las que realizan otros niños de la misma edad; para esto se recomienda llevarlo al cine, restaurantes, parques de diversiones y asistir a las fiestas de sus compañeros.

¡¡¡Con permiso!!!!

En ocasiones el niño con discapacidad intelectual tiene dificultades para participar en algunos juegos y socializar con otras personas. Esta situación lo lleva a comportarse de manera dependiente y demandante, lo que resulta agotador para sus padres, maestros y quienes lo cuidan.

Con el fin de disminuir el trabajo de quienes son responsables de la atención de este niño, se sugiere promover la convivencia con otros pequeños; así se favorecerá su independencia, se logrará que adquiera la capacidad de cuidarse a sí mismo y de resolver sus necesidades.

Los pequeños con esta condición por lo general tienen dificultades para expresar sus sentimientos de manera adecuada, ya que lo hacen con mucha intensidad, lo que sorprende a las personas que se encuentran cerca, quienes no saben cómo reaccionar y afectan su estado de ánimo. En tales casos, se recomienda ayudarles a identificar sus sentimientos y enseñarles cómo modularlos y expresarlos.

Es importante evitar que el pequeño con discapacidad intelectual reprima sus sentimientos de enojo, frustración e impotencia, para que no los manifieste con otras personas o hacia sí mismo, lo que le ocasionaría problemas de adaptación o depresión.

Una vez que se sabe cómo atender a un niño con discapacidad intelectual, no habrá que centrar la atención en sus limitaciones durante mucho tiempo y se deberá procurar estimular lo que es capaz de hacer.

Este niño necesita ser escuchado con cuidado y atención para que pueda externar sus necesidades, deseos y expectativas, ya que por lo común presenta problemas de lenguaje y esto interfiere en la comunicación.

En consecuencia, durante su primer año de vida, hay que acudir con un terapeuta de audición y lenguaje, quien le dará la atención especial que requiere para desarrollar las habilidades de comunicación que le permitan relacionarse con su entorno.

Con el fin de establecer una comunicación normal y espontánea con un niño con discapacidad intelectual se debe evitar utilizar un lenguaje telegráfico; platicarle con detalle lo que sucede, anticipar verbalmente las situaciones, cantarle y

formularle preguntas. De esta manera, se logrará que adquiera un lenguaje de comprensión que posteriormente intentará expresar según sus posibilidades. Una vez que el niño comience a hablar se deberá poner cuidado y paciencia para entender su lenguaje, porque así se fomentará la comunicación.

El niño con discapacidad intelectual utiliza con frecuencia la comunicación no verbal, la cual se manifiesta a través del movimiento del cuerpo y de los gestos. Por medio de esta forma de comunicación, se le podrán transmitir mensajes e información, además de que se le comprenderá mejor.

Cuando se observe que un niño con este tipo de discapacidad se muestra apático, aburrido, cansado y rebelde, puede ser necesario que reciba atención psicológica, la cual le ayudará a sentirse mejor consigo mismo y le permitirá adaptarse mejor a su medio.

Un niño con esta condición requiere que se le describan con detalle los objetos y las personas que tiene cerca, así como las que se encuentran lejos. No olvidaremos que tiene la capacidad de imaginar, aun cuando no pueda expresar con claridad sus pensamientos.

Es importante promover que los niños con discapa- cidad intelectual se acerquen con frecuencia a tocar a las personas y los objetos con las manos, para conocerlos bien. Además, para atraer su atención, se sugiere tocarlos con suavidad, establecer contacto visual, repetir varias veces lo que se intenta comunicar, así como procurar ser muy expresivo con los gestos y los movimientos del cuerpo.

Se recomienda llevar con frecuencia a estos pequeños a los lugares en donde puedan observar concretamente lo que se les intenta comunicar. Todo esto requiere tiempo y paciencia, ya que hay que realizar un esfuerzo especial para fomentar que comprendan, aprendan y se desarrollen de la mejor manera posible.

Cabe destacar que no sólo los niños con discapacidad intelectual presentan dificultades para entender, ya que también quienes lo rodean tienen problemas para comprenderlos e interactuar con ellos. Por lo anterior, es común que estos niños establezcan un código de comunicación particular con sus padres, familiares y maestros; sin embargo, el reto en estos casos será lograr que logren comunicarse con la mayoría de las personas.

Para esto, es muy valioso que reciban terapia de lenguaje y se integren a la sociedad a la que pertenecen, la cual deberá mostrarse dispuesta para conocer este tema.

Además, para mejorar el movimiento y la coordinación de los niños con esta condición, se recomienda colocarlos en las posturas corporales adecuadas de acuerdo con su edad y estimularlos para que adquieran un mejor desarrollo motriz. En estos casos, un especialista en estimulación temprana podrá

organizar un programa adaptado a las necesidades particulares de cada uno.

Los padres deben realizar un esfuerzo constante para atender a su hijo, ya que en algunos casos tendrán que apoyarlo y acompañarlo para que pueda realizar las actividades cotidianas durante un largo tiempo.

Esto suele ocasionar un desgaste y traer como consecuencia agotamiento, así como la aparición de conflictos familiares frecuentes. En estos casos, conviene mantener una buena actitud, pedir el apoyo de otras personas para cuidar al niño y consultar a un psicólogo especializado para expresar las dificultades que se presentan y encontrar alternativas de solución.

EL DESARROLLO DEL BEBÉ CON DISCAPACIDAD INTELECTUAL

Durante sus primeros meses de vida el bebé con discapacidad intelectual muestra un desarrollo más lento y desorganizado que otros niños de su edad. Sin embargo, es difícil observar estas diferencias que pueden ser casi imperceptibles en etapas muy tempranas.

Es muy útil prestar atención especial al desarrollo del bebé desde que es muy pequeño para que en caso de haber anomalías en su crecimiento –por ejemplo, respuestas a estímulos visuales o sonoros que aparecen más tarde de lo esperado, reflejos que no se manifiestan adecuadamente– se detecten lo más pronto posible y se busque el tratamiento adecuado y oportuno.

Los padres deberán observar los movimientos de su bebé con cuidado y vigilar que se presenten los logros esperados en cada etapa del desarrollo en los tiempos que normalmente se establecen.

El proceso de alimentación de los bebés con discapacidad intelectual puede presentar alteraciones significativas desde el nacimiento, ya que con frecuencia manifiestan problemas para succionar la leche en forma adecuada, se les dificulta mantener la mirada hacia su madre cuando son alimentados y tardan más tiempo en pedir alimento que otros niños.

Hay que hacer adaptaciones para lograr alimentarlo y que reaccione satisfactoriamente a los estímulos externos e internos. Por ejemplo, se recomienda buscar mamilas especiales para facilitar la succión del bebé con bajo tono muscular o con malformaciones alrededor de la boca y alimentarlo con frecuencia para que obtenga una buena nutrición.

Para el bebé con esta condición suele ser difícil regular los periodos de sueño, debido a las alteraciones neurológicas y sensoriales que presenta; por ello hay que consultar con un neurólogo pediatra y un especialista en desarrollo infantil, quienes indicarán los medicamentos adecuados y las medidas que deben tomarse.

Los bebés con discapacidad intelectual necesitan establecer contacto con su entorno a través de todos sus sentidos, independientemente de que éstos se encuentren alterados. Para favorecer su desarrollo, se recomienda promover que experimente nuevas texturas, aromas y sabores con el tacto, el olfato y el gusto.

También, se sugiere estimularlo constantemente con música, juguetes infantiles con luces y sonidos como pueden ser móviles, sonajas, muñecos suaves y juegos interactivos. Asimismo, ofrecerle incentivos que despierten su atención para motivarlo a reaccionar ante ellos y así favorecer el aumento de sus respuestas. Con una estimulación frecuente, podrá desarrollarse a un ritmo más adecuado, en las áreas sensorial, motriz, cognitiva y sobre todo afectiva.

Los padres deben encontrar los medios que les permitan comprender el desarrollo particular de su hijo, el cual suele estar desfasado, es decir, en algunas áreas crecerá más rápido que en otras, lo que necesariamente les llevará a buscar alternativas para poder establecer nuevas formas de expresión y de relación con el bebé.

Cuando los padres encuentran, durante las primeras etapas del desarrollo de su hijo, las alternativas adecuadas que se requieren para establecer un vínculo afectivo y de comunicación, disminuyen las dificultades en el desarrollo del bebé y aparecen otras formas de expresión. Por lo tanto, es fundamental permitir a los bebés con discapacidad intelectual conocer el mundo como lo hace cualquier otro niño, considerando que tardarán más en asimilar los procesos, que sus movimientos serán más lentos y que sus logros requerirán mucha paciencia.

Los bebés que no presentan este tipo de discapacidad, son capaces de sostener la cabeza alrededor de los cuatro meses de edad, de sentarse sin ayuda aproximadamente a los seis meses, de iniciar el gateo a los ocho meses y de ponerse de pie y caminar alrededor del año de edad.

Cuando se detecta que un niño no adquiere estas pautas de desarrollo cerca del tiempo esperado, se puede sospechar que existe algún tipo de discapacidad intelectual, por lo que será fundamental llevarlo con un pediatra especializado que oriente sobre la manera de atenderlo.

La atención médica y terapéutica oportuna permitirá que el desarrollo del bebé con esta discapacidad avance en forma adecuada, lo que nos hará pensar en un mejor pronóstico de su calidad de vida.

En lo que respecta al desarrollo motor, éste llega a retrasarse debido a que el pequeño tiene un tono muscular alterado que puede ser más bajo o más alto de lo normal, manifiesta dificultades de coordinación en sus movimientos y percibe su entorno de manera diferente.

El mayor reto para los padres y los educadores de este pequeño, será encontrar las alternativas específicas para tratarlo de manera normal y especial al mismo tiempo. De este modo, el niño recibirá las mismas oportunidades de desarrollo que si no hubiera tenido una discapacidad y a la vez obtendrá el apoyo adicional con el fin de contar con los elementos que requiere para enfrentarse a la vida cotidiana en su sociedad.

Cuando el bebé con discapacidad intelectual sea capaz de desplazarse por sí mismo, habrá que cuidarlo de los peligros de su entorno, ya que tardará más tiempo en identificar los riesgos y en reaccionar ante ellos. De tal modo, se recomienda supervisar sus actividades sin limitar las oportunidades de aprendizaje y de crecimiento.

Algunas veces será necesario acercarse e indicarle por medio del lenguaje corporal lo que se le quiere decir; por ejemplo, cuando un bebé con esta condición se encuentre subiendo por una escalera peligrosa, no será suficiente decirle "bájate de ahí"; sino que habrá que ir por él en múltiples ocasiones repitiéndole la misma indicación hasta que comprenda lo que debe hacer.

Cuando este niño presenta la suficiente madurez para aprender a ir al baño, se le deberá enseñar este proceso a través de mímica y del uso de algunos objetos que le permitan observar cómo se realiza esta acción. Puede ser útil establecer un horario y recurrir a muñecos diseñados para simular este proceso, con el fin de permitirle conocer mejor las necesidades y el funcionamiento de su cuerpo.

En los niños sin discapacidad este tipo de proceso comúnmente se logra alrededor de los tres años de edad; sin embargo, en aquellos con discapacidad intelectual, es frecuente que se retrase y se prolongue.

Por lo anterior, se recomienda observar la madurez motriz y cognitiva del niño antes de empezar el proceso de control de esfínteres; así se evitará un desgaste excesivo causado por pretender que adquiera antes de tiempo, este y otros aprendizajes. Es importante respetar su propio ritmo de desarrollo para favorecer su autonomía, independencia y crecimiento en diversas áreas.

La familia, los maestros, médicos y terapeutas deben atender en conjunto las necesidades físicas, afectivas y de aprendizaje de los niños con discapacidad intelectual para favorecer su desarrollo integral.

¿QUÉ MÁS SE PUEDE HACER PARA ESTIMULAR A UN NIÑO CON DISCAPACIDAD INTELECTUAL?

El niño con discapacidad intelectual necesita recibir estimulación especial en todos sus sentidos: vista, oído, olfato, gusto y tacto, ya que es común que se presenten ciertas alteraciones en cada uno de ellos. Por lo tanto, será útil aplicar algunos ejercicios que se realizan con niños que presentan otro tipo de discapacidad.

Si bien un niño con esta condición no tendrá todos los tipos de discapacidad a la vez, sí puede experimentar dificultades específicas en cada área que habrá que aprender a identificar.

Debido a lo anterior, se recomienda mantener altas expectativas de desarrollo para estos pequeños y tratarlos, en la medida de lo posible, como si no tuvieran una discapacidad, cuidando por supuesto su seguridad y respetando su ritmo de avance particular.

El pequeño con discapacidad intelectual necesita jugar, moverse, tocar los objetos, recibir y expresar afecto a sus padres y a las personas que lo cuidan, como lo hacen todos los

niños. Es importante demostrarle afecto, hablarle de cerca y abrazarlo con cuidado, para que se sienta seguro y tranquilo. Asimismo, se sugiere que tome el baño y realice otras actividades junto con sus papás, lo que favorecerá su desarrollo emocional. La sonrisa, como en todos los niños, será un medio para establecer las primeras comunicaciones afectivas, a la vez que permitirá la socialización.

Es esencial comunicarse constantemente con el pequeño, aun cuando dudemos que comprenda todo lo que se le dice, procurando darle explicaciones completas y detalladas que estimularán el lenguaje y fomentarán su desarrollo intelectual.

Será imprescindible no dejarlo solo durante periodos prolongados sin relacionarse con otras personas y sin recibir estimulación, pues esto puede ocasionar la presencia de conductas aisladas, estereotipadas y de autoestimulación que dificultarán aún más su desarrollo físico y emocional.

Para que el pequeño con discapacidad intelectual adquiera conciencia de su propia imagen, se recomienda utilizar un espejo de cuerpo completo donde pueda mirarse para aprender a conocer e identificar las diferentes partes de su cuerpo, así como los gestos, expresiones y movimientos que realiza con el rostro al hablar.

Otras sugerencias que pueden beneficiar su desarrollo y su cuidado son:

- ✵ Iniciar lo más pronto posible un programa de estimulación temprana, tomando en cuenta las adaptaciones necesarias del material o de los ejercicios para que el niño pueda realizar estas rutinas y las adapte a su vida.

- ✵ Acudir con un especialista para revisar su vista y oído, ya que son frecuentes las alteraciones que afectan la capacidad visual y auditiva. En estos casos, hay que estimular ambos sentidos con juguetes con luz y sonido como: móviles de colores, que realicen movimientos que promuevan el seguimiento visual y auditivo, así como con pulseras elaboradas con cascabeles que le ayuden a percibir el sonido.

- ✵ Estimular el sentido del gusto y el olfato permitiendo que conozca los aromas, sabores y texturas de los alimentos, ya que esta exploración le ayudará a reconocer la comida y mejorar su nutrición.

- ✵ Permitir que conozca por medio del tacto las diversas texturas de telas, materiales y otros objetos con el propósito de que aprenda a diferenciarlos.

- ✵ Consultar con un terapeuta físico, en las primeras etapas de desarrollo de este bebé, el tratamiento de estimulación temprana indicado para mejorar su movimiento y coordinación corporal.

- ✵ Contar con la disposición de personas cercanas al niño para llevarlo a conocer diversos sitios recreativos, donde puedan compartir experiencias y se favorezca la integración en el entorno.

- Estimular la capacidad motriz utilizando pelotas de gran tamaño que promuevan un mejor desarrollo de la postura y los movimientos del cuerpo. Asimismo, se sugiere usar material didáctico diseñado para mejorar los movimientos finos, por ejemplo, cubos de ensamble, rompecabezas, cuentas pequeñas, legos y otros.
- Llevarlos a participar en actividades como: equinoterapia, delfinoterapia, clases deportivas y recreativas, para mejorar su desarrollo, aumentar las habilidades físicas y sensoriales en diversas áreas, y propiciar la socialización.
- Extremar los cuidados y las precauciones en la vida cotidiana, ya que el niño con discapacidad intelectual tiene dificultades para identificar situaciones de peligro y reaccionar con rapidez. Para evitar probables accidentes, se recomienda colocar en el piso texturas suaves que lo protejan de golpes, alejar objetos punzocortantes, poner barandales en las escaleras, proteger los enchufes eléctricos con tapas especiales, mantenerlo lejos del fuego, de cristales y de otros objetos que pudieran dañarlo.
- Mantenerlo siempre bajo la supervisión de un adulto, que sea capaz de auxiliarlo en caso de alguna emergencia, como podría ser un temblor, un incendio, accidentes y otras situaciones de riesgo.
- Estimular su desarrollo cognitivo de manera especial, a través de terapia física, de lenguaje y aprendizaje, para así evitar que presente retraso en otras áreas que no se encuentren alteradas.
- Procurar encontrar lugares y momentos adecuados, para que este pequeño exprese sus sentimientos y pueda dar a conocer

a los demás lo que está viviendo. Para esto se sugiere mostrar disposición y paciencia con el fin de entender lo que intenta decir con sonidos, palabras con pronunciación diferente y lenguaje no verbal, los cuales son medios de expresión que no deben ignorarse.

❄ Estimular el desarrollo cognitivo del niño, con el apoyo de un psicólogo y educadores especializados, poniendo énfasis en un programa educativo que atienda el comportamiento y la desorganización que suele presentarse en estos casos, para favorecer la adaptación, las capacidades individuales y el desempeño de las habilidades.

❄ Conseguir material especializado para niños con discapacidad intelectual, como pueden ser audiolibros, cuadernos y programas para computadoras que faciliten la comunicación y el aprendizaje.

❄ Enseñarle la forma adecuada de realizar las actividades de la vida cotidiana, mediante instrucciones breves y precisas, acompañadas de mímica e imágenes visuales, ya que se ha observado que ésta es una manera efectiva de favorecer el aprendizaje. Por ejemplo, para enseñar al niño con discapacidad intelectual a acomodar la ropa, se sugiere mostrarle cómo guardar cada cosa en su lugar varias veces, invitándolo a realizar esta actividad, dado que en estos casos no es suficiente una instrucción verbal.

❄ Para mejorar su conducta es necesario seguir un orden en la realización de las actividades diarias como: aseo, comidas, siestas, paseos y tareas, pues la rutina le brindará seguridad, lo cual será indispensable para aumentar su independencia.

Poco a poco se observarán logros en el aprendizaje de los niños con discapacidad intelectual, pero, como se ha mencionado, habrá que tener paciencia para esperar que lleguen estos avances, sin dejar de trabajar en los objetivos que se pretende lograr.

Es muy importante acercarse a este niño, conocerlo y respetarlo, ya que comprende más de lo que imaginamos y percibe las actitudes que los demás adoptan hacia ellos.

En la educación del niño que vive con esta condición deberán participar e involucrarse varios miembros de la familia, así como algunos amigos y conocidos con los que tenga una relación frecuente, con la intención de formar una red de personas cercanas que lo cuiden y favorezcan su desarrollo. Al mismo tiempo, será fundamental que asista a la escuela, así como llevarlo a parques, academias de arte y centros deportivos accesibles que promoverán su integración en la sociedad.

Por último, se debe tomar en cuenta que cada niño es diferente y que cada persona con discapacidad intelectual manifestará sus dificultades en diferentes grados. Comprender lo anterior es necesario para ajustar las expectativas que se tienen con respecto a ese niño en particular y para encontrar la mejor forma de apoyarlo a conectarse e involucrarse con su entorno, así como a compartir sus experiencias, sentimientos, deseos y pensamientos.

¿Qué apoyos requieren los niños con discapacidad intelectual?

Los niños con discapacidad intelectual requieren adquirir las habilidades y destrezas necesarias para poder desenvolverse en su entorno con la mayor independencia posible. La mayoría de estos pequeños son capaces de aprender, aunque necesitan más tiempo que los niños de su edad y deben realizar más esfuerzos para alcanzar estos logros.

Por supuesto, los niños que viven con esta condición tienen derecho a las mismas oportunidades para desarrollarse que sus compañeros de la misma edad, por lo que desde que son pequeños deberán convivir en diversas actividades familiares y sociales, así como tener la posibilidad de asistir a una escuela regular.

Los niños con este tipo de discapacidad requieren del apoyo de su familia, sus maestros y sus compañeros para realizar las actividades cotidianas; a la vez, debe fomentarse su independencia evitando resolver sus necesidades antes de darles la oportunidad de que paulatinamente adquieran ese aprendizaje.

En la escuela, se sugiere que, además del maestro de grupo, se cuente con un maestro de apoyo, quien será el responsable de supervisar de manera especial al niño con discapacidad intelectual y simultáneamente apoyará las actividades del grupo de manera general, lo que beneficiará a todos los alumnos.

Asimismo, se ha observado que los compañeros de grupo y la comunidad escolar en general, pueden apoyar a los niños con discapacidad intelectual de manera espontánea, favoreciendo su desarrollo y mejorando su autoestima.

Cuando el niño con esta condición requiere recibir una atención especializada constante debido a sus necesidades particulares, puede ser una alternativa inscribirlo en una escuela de educación especial, integrándolo al mismo tiempo a las actividades familiares y sociales cotidianas.

Con el objeto de que el niño adquiera una conducta adaptativa en su vida cotidiana, es muy importante enseñarle a realizar actividades como vestirse, asearse, ir al baño, comer, hacer su tarea y guardar sus objetos. Por ejemplo, se recomienda que una vez que pueda comer solo, se le enseñe a preparar alimentos sencillos, a partir su comida, a utilizar el horno de microondas, a lavar los trastes, aumentando cada vez más la dificultad de estas labores.

Dependiendo del grado de discapacidad intelectual, encontraremos a niños que requerirán mayor o menor apoyo de los demás para llevar a cabo sus actividades cotidianas. Algunos necesitarán sólo supervisión, ya que son capaces de realizar muchas tareas por sí mismos, y otros deberán contar con el apoyo permanente de otra persona, cuando se presentan dificultades importantes para hablar, moverse y cuidar de sí mismos.

Para que el niño con discapacidad intelectual llegue a ser independiente en su vida adulta, será fundamental enseñarle desde la infancia a ir de compras, manejar el dinero, tomar ciertas decisiones, adquirir hábitos de higiene, cuidar los objetos personales, transportarse por sí mismo, etcétera.

Asimismo, enseñarle a utilizar herramientas actuales como la computadora, los teléfonos celulares, los libros y programas con material especializado para facilitar el aprendizaje, así como juguetes interactivos diseñados para desarrollar sus capacidades.

En realidad, cualquier material puede ser útil para el niño con este tipo de discapacidad, siempre y cuando se realicen las adaptaciones adecuadas requeridas en cada caso y se dedique el tiempo suficiente para enseñarle. Además, habrá que programar los tratamientos y terapias que necesita, pues todos estos aspectos favorecerán su desarrollo.

Los tratamientos que debe recibir un niño con discapacidad intelectual son los siguientes:

Terapia física

Se utiliza en estos casos para equilibrar el tono muscular, corregir la postura corporal y mejorar la coordinación de los movimientos. De esta manera, el niño logrará desarrollarse en diversas áreas, a través del movimiento, la expresión y el aprendizaje.

Considerando que el movimiento es la base del aprendizaje y que una postura adecuada le permitirá aprender mejor, no se debe postergar este tipo de atención, ya que el retraso en estas áreas no propiciará su desarrollo integral.

Para explicar los beneficios de esta terapia, se puede mencionar el caso de un pequeño que tenía una postura corporal incorrecta que le obligaba a mantener la cabeza mirando hacia arriba, por lo que cuando se le mostraba un pizarrón frente a él, tenía que esforzarse para atender lo que se le enseñaba. Este esfuerzo constante le provocaba cansancio y limitaba su capacidad de aprendizaje. A través de la terapia física, se corrigió paulatinamente esta postura y disminuyeron las dificultades del niño mejorando su rendimiento intelectual.

Terapia de lenguaje

Se utiliza para mejorar la comunicación del niño, desarrollar el pensamiento, el aprendizaje y su relación con los demás. El niño con discapacidad intelectual requiere la valoración y el apoyo de un terapeuta de lenguaje, quien detectará las anomalías y dificultades que presenta para comprender y expresarse.

En estos casos también son útiles los sistemas de comunicación alternativa, conocidos como sistemas de comunicación aumentativa, que incluyen las opciones o estrategias por utilizar para facilitar la comunicación de las personas con dificultades importantes para hablar.

Para mejorar la comunicación de los niños con discapacidad intelectual se emplean estos tableros con diversas imágenes que simbolizan palabras o mensajes que se quieren transmitir y que pueden ser comprendidas por cualquier persona al señalarlas o presionarlas, ya que algunos tableros también emiten sonidos.

TERAPIA AUDITIVA

Se usa en los casos en que los niños con discapacidad intelectual presentan problemas neurológicos o morfológicos que interfieren con su capacidad de comunicación.

TERAPIA DE APRENDIZAJE

Se utiliza para favorecer el desarrollo intelectual y mejorar la atención del niño, a través de los métodos, estrategias y adecuaciones pedagógicas.

El aprendizaje será la base que permitirá al niño en un futuro contar con los elementos para realizar una actividad laboral y para establecer relaciones sociales con otras personas. Es muy recomendable estimular las capacidades y habilidades para fomentar el desarrollo intelectual, así como el crecimiento integral, y no permitir por ningún motivo que el avance escolar se detenga por no adquirir ciertos conceptos.

Por ejemplo, un niño con dificultades para resolver operaciones matemáticas puede tener habilidades en otras áreas como lectoescritura, ciencias naturales, actividades artísticas, actividades deportivas, etcétera, por lo que se deberá promover su desarrollo escolar con base en sus capacidades y no en sus dificultades; de esta manera no se afectará su desarrollo integral.

TERAPIA RECREATIVA

Sirve para favorecer la coordinación corporal, la socialización, el aprendizaje y el desarrollo general, a través de las actividades recreativas como el juego, las manualidades, la convivencia al aire libre; las artísticas como la pintura, la danza, la música y el teatro, entre otras, así como las deportivas, entre ellas la natación, las artes marciales, los juegos con pelota, el atletismo, la gimnasia y la equitación.

El niño con discapacidad intelectual se beneficia en gran medida al recibir estos tratamientos. Sin embargo, habrá que determinar sus necesidades particulares, así como la situación de la familia, que deberá buscar las opciones que más le convengan para atender a su hijo. No olvidemos que los resultados que se obtengan contribuirán a una adecuada integración del niño con su familia y la sociedad.

LA EDUCACIÓN PARA EL NIÑO CON DISCAPACIDAD INTELECTUAL

Los niños con discapacidad intelectual deben recibir educación escolar desde que son muy pequeños, ya que esta experiencia les ayudará en gran medida para adquirir los conocimientos que necesitan durante su desarrollo, así como para incrementar sus capacidades sensoriales e intelectuales; a la vez, tendrán la posibilidad de convivir con otros niños y de adquirir las normas de comportamiento que les permitan adaptarse mejor a la sociedad a la que pertenecen.

Estos niños tienen derecho a ser respetados y a recibir las mismas oportunidades que los demás niños de su edad, tomando en cuenta que se deberán realizar las adecuaciones en el plan de estudios que permitan una evolución paulatina en el aprendizaje del alumno.

Por ejemplo, si un maestro pretende enseñar a los niños de su grupo el abecedario, este objetivo se deberá adaptar para un niño con discapacidad intelectual, a quien se le pedirá identificar las vocales tomando en cuenta sus dificultades para aprender.

Como se ha mencionado, estos niños pueden asistir a una escuela regular que esté dispuesta a integrarlos en su comunidad escolar, así como a realizar las modificaciones necesarias para que esto sea posible.

Se ha observado que los niños con discapacidad intelectual que reciben la atención escolar adecuada desde que son pequeños, tienen más posibilidades de aprender a leer, escribir, expresarse, ubicar su entorno, cuidar de sí mismos en ciertas situaciones y conducirse de manera independiente.

La oportunidad de que los niños con discapacidad convivan con compañeros de su edad que cursan la escuela regular, será muy importante para favorecer su desarrollo y beneficiará también a los miembros de la comunidad escolar, quienes se sensibilizarán con esta experiencia.

En estos casos, se recomienda trabajar con maestros capacitados que cuenten con los conocimientos necesarios para apoyar al niño en su aprendizaje y a la vez trabajen en las

ABC adecuaciones necesarias para elaborar el programa académico, escoger el material didáctico, supervisar la seguridad del plantel y promover una apropiada dinámica del grupo.

Los maestros que trabajan con un niño que presenta dificultades para aprender deberán asegurarse de que su alumno se encuentre colocado en la postura adecuada, en un asiento que le permita trabajar y que tenga acceso al material necesario para que pueda aprender.

En algunos casos, estos pequeños muestran problemas para coordinar sus movimientos finos y gruesos, por lo que será necesario ejercitarlos, motivarlos y facilitarles material adaptado como colores gruesos, tijeras y cucharas especiales, entre otros, para que logren una mayor precisión en sus movimientos.

Hay que tomar en cuenta que los niños con discapacidad intelectual pueden experimentar frecuentemente frustraciones que afectan su estado de ánimo y su autoestima, debido a que su cuerpo no reacciona con la rapidez y la precisión que necesitan. Por consiguiente, se sugiere escucharlos, tener paciencia, tratarlos con calidez, señalar sus logros y evitar en lo posible las situaciones que los incomoden.

Será también una labor del docente, promover la integración de estos pequeños con sus demás compañeros en las actividades escolares, ya que de esta manera toda la comunidad aprenderá cómo debe tratarse y apoyar a los niños con necesidades especiales para que se desarrollen mejor.

Otra alternativa para que los niños con discapacidad intelectual reciban educación escolar pueden ser las escuelas especiales, ya sea públicas como los Centros de Atención Múltiple (CAM), o privadas, las cuales cuentan con sistemas académicos diseñados para personas con importantes dificultades de aprendizaje y conducta que requieren atención permanente para realizar sus actividades.

Con el fin de encontrar la escuela más adecuada a las necesidades de cada niño con discapacidad intelectual, se sugiere conocer el mayor número de instituciones posibles, sostener entrevistas con los directivos de esos centros y acordar la manera en la que se integrará el alumno a esa institución.

Los padres deberán acompañar al niño de manera especial a conocer su escuela, recorrer juntos sus instalaciones, presentarlo con sus maestros y ayudarle a adaptarse poco a poco a este nuevo medio.

Para que la educación del niño con este tipo de discapacidad sea accesible, deberá impartirse en su lengua materna; sin embargo, cuando la escuela a la que asista sea bilingüe, se recomienda hacer ciertas adaptaciones para facilitar su aprendizaje.

Entre estas adaptaciones se sugiere colocarlo durante más tiempo en los grupos donde se imparten materias en español y traducirle personalmente las indicaciones de la clase, con el objeto de que comprenda lo que tiene que hacer y pueda llevar a cabo las actividades.

En estos casos suele ser muy útil la presencia de un asistente educativo en la clase.

Los niños con discapacidad intelectual deberán recibir, además de las clases regulares que cursa cualquier niño de su edad, una capacitación especial para utilizar los materiales de trabajo y conocer su escuela, así como recibir una terapia de aprendizaje que dirigirá y reforzará los conceptos que se le enseñan en las clases.

Será muy importante estimular todos sus sentidos: vista, tacto, oído, olfato y gusto, con la intención de que cuando alguno de ellos no funcione adecuadamente, otro pueda cubrir en cierta forma su función.

En resumen, se puede decir que la clave para que un niño con discapacidad intelectual adquiera el mejor desarrollo posible, será educarlo como si no presentara esta condición, proporcionándole a la vez la atención necesaria para que pueda integrarse al medio escolar.

SUGERENCIAS PARA PROMOVER LA ADAPTACIÓN DE UN NIÑO CON DISCAPACIDAD INTELECTUAL AL MEDIO FAMILIAR Y ESCOLAR

La adaptación de un niño con discapacidad intelectual en su entorno, dependerá de la actitud que él muestre para integrarse a su medio cotidiano, así como de la disposición de la sociedad para atender estas situaciones, empezando por la familia.

En general, no será necesario realizar demasiadas adaptaciones en los lugares donde se desarrolla este niño. Sin embargo, para promover la adaptación de un niño con discapacidad intelectual es importante tomar en cuenta las siguientes recomendaciones:

❅ Supervisar constantemente la seguridad de los sitios donde se encuentra con frecuencia, como su casa, la escuela, centros recreativos, etcétera.

❅ Acondicionar su habitación de manera especial, de modo que esté cómodo y seguro en este espacio para realizar diversas actividades. Se sugiere colocar sobre el piso una cubierta de fomi o esponja, que sea suave y firme y pueda diferenciar en la habitación los lugares que son para trabajar, jugar y descansar.

❅ Evitar dejar a su alcance instrumentos o materiales peligrosos como tijeras, cuchillos, sustancias tóxicas y objetos pequeños. También es importante tener precaución con las estufas y otros aparatos que puedan ocasionar quemaduras.

❅ Supervisarlo constantemente en la escuela para que, en caso de que se presenten riesgos o requiera apoyo, pueda ser atendido por sus maestros o asistentes educativos. En la medida en que adquiera la madurez y las habilidades de autonomía necesarias, se le permitirá desenvolverse con mayor independencia.

❅ Tener cuidado especial en los espacios públicos, ya que ahí pueden presentarse situaciones de riesgo ante las cuales no sabrá cómo reaccionar. Entre ellas, diversos peligros como cruzar la calle, caminar en aceras con desniveles, encontrarse con gente de malas intenciones, así como con animales que pudieran agredirlo. También se debe tomar precauciones en los centros escolares y recreativos donde se ubiquen juegos infantiles peligrosos, como resbaladillas altas, columpios inseguros y volantines que al ser usados por otros niños pueden ocasionar accidentes.

- ✿ Mantener en orden los objetos de uso cotidiano, como la ropa, los juguetes y el material didáctico con el fin de que pueda actuar con independencia dentro de su habitación. Se recomienda también dejar a su alcance una grabadora que pueda utilizar fácilmente, así como los instrumentos de trabajo que requiera de acuerdo con su edad.

- ✿ Explicarle cuando las conductas que presenta no son adecuadas ni aceptadas por los demás y buscar alternativas para apoyarlo a establecer relaciones con otras personas.

- ✿ Establecer límites claros con el propósito de que pueda integrarse a la sociedad y mantener su seguridad.

- ✿ Captar su atención para lograr que pueda aprender. Para esto será necesario acercarse al pequeño, establecer comunicación y buscar las herramientas que faciliten su comprensión con paciencia. Al mismo tiempo, habrá que permitir que adquiera los elementos necesarios para desarrollarse de manera independiente con sus propios medios.

- ✿ Lograr establecer una comunicación efectiva con él. Para esto se recomienda sentarse frente al pequeño, mirarlo a los ojos, hablarle de manera adecuada para que pueda aprender y asegurarse de que comprende lo que se le está diciendo. En ocasiones puede ser conveniente pedirle que repita, en su propia forma de comunicarse, lo que escuchó.

* Demostrar interés para relacionarse con él, ya que para quienes viven con esta condición es muy reconfortante saber que se cuenta con la posibilidad de interactuar con los padres, maestros y otros compañeros de su edad. Esto mejorará su capacidad para socializar y aumentará su autoestima.

* Proporcionarle apoyo, para que logre establecer una rutina clara con tareas específicas en su casa y en la escuela, ya que estas actividades le ayudarán a organizar su vida cotidiana y disminuirán la incertidumbre que provoca no comprender con claridad lo que sucede. De esta manera, podrá adquirir las bases necesarias para llevar una vida adulta independiente, con posibilidades de desempeñar un trabajo productivo y relacionarse con otras personas.

Recomendaciones para mejorar el aprendizaje de un niño con discapacidad intelectual

En las últimas décadas se ha observado que la discapacidad intelectual no es una condición que limita el crecimiento de los niños en las diversas áreas del desarrollo cognitivo y social.

En el pasado sucedía que estos menores no lograban obtener avances significativos en el área de aprendizaje, por lo que con frecuencia sus padres y maestros decidían no llevarlos más a la escuela.

Sin embargo, en los últimos años se ha observado que esta decisión limitaba cada vez más el desarrollo del niño y lo excluía de la posibilidad de establecer relaciones sociales y afectivas con otras personas.

En la actualidad, los niños con discapacidad intelectual que recibieron estimulación cognitiva adecuada desde pequeños, esto es, que tuvieron oportunidad de asistir a la escuela y al mismo tiempo recibir una atención especial, han alcanzado niveles escolares que antes eran inimaginables.

Por ejemplo, se puede mencionar el caso de Pablo Pineda, un joven español, con síndrome de Down, quien, tras terminar la carrera de psicopedagogía, trabaja asesorando a padres de niños con discapacidad y en fecha reciente protagonizó la película *Yo, también*.

Cada vez se abren en más países escuelas de integración educativa, las cuales impulsan el crecimiento de las capacidades sociales e intelectuales de los niños con esta condición y les permiten desarrollar al máximo sus habilidades para promover su aprendizaje e integrarse a la sociedad.

La integración de los niños con discapacidad intelectual a las escuelas regulares e inclusivas es un derecho, por lo que los padres deberán buscar, junto con la institución, en cada caso en particular, la forma más adecuada para atender al alumno, tomando en cuenta sus condiciones y los recursos de la escuela.

Las siguientes son algunas recomendaciones para las escuelas que cuentan con alumnos que presentan discapacidad intelectual:

❅ Los pequeños con discapacidad intelectual deben participar en todas las actividades que realizan los niños de su edad, considerando las adaptaciones necesarias que se llevarán a cabo para promover su integración; esta experiencia favorecerá que conozcan lo que se aprende en la vida cotidiana de manera espontánea.

❅ Los maestros de los niños que viven con esta condición, realizarán las adecuaciones curriculares necesarias, que consisten en adaptar los programas de estudio generales tomando en cuenta la capacidad de aprendizaje y/o habilidades de cada niño con discapacidad en particular. Así, por ejemplo, si el objetivo de un programa es que los alumnos del grupo aprendan las vocales, para que un niño con discapacidad intelec-

tual haga lo mismo se le enseñarán sólo dos de estas letras, empleando diversos métodos educativos especiales y material didáctico con imágenes, fotografías, ilustraciones y objetos que facilitarán a los maestros la enseñanza.

✳ Es importante que los docentes que trabajan con estos niños, tengan interés y disposición para realizar su labor, establezcan una relación cercana y de confianza con su alumno y promuevan su integración con los demás compañeros del grupo, quienes a la vez se beneficiarán de contar con la presencia de un compañero con necesidades especiales en su salón.

✳ También será necesario establecer una buena interacción entre el maestro y el alumno con discapacidad intelectual por medio del lenguaje, así como de la comunicación visual y corporal. En estos casos, se sugiere reforzar auditivamente y mediante el lenguaje no verbal las instrucciones que se le señalen, teniendo paciencia para esperar su respuesta.

✳ El proceso de aprendizaje de los niños que presentan esta condición, como ocurre con sus demás compañeros, iniciará en su casa y continuará en la escuela, donde poco a poco adquirirá los conocimientos formales que le darán acceso a participar en la sociedad de diversas formas.

✳ Los niños con este tipo de discapacidad suelen tardar más en aprender, por lo que es necesario no desanimarse ni perder la paciencia para continuar enseñándoles nuevos conceptos y actividades. Cabe mencionar que cada pequeño desarrollará sus habilidades de manera particular, a su propio ritmo y no habrá que limitar sus posibilidades antes de darles una oportunidad.

- El proceso de aprendizaje de estos niños se obtendrá a través de las vivencias que experimentará usando todos sus sentidos. Para ello, se les debe permitir de manera especial observar los objetos, tocarlos, manipularlos, olerlos y probarlos con el fin de que adquieran un aprendizaje integral.
- Es importante convertir el entorno cotidiano del niño con discapacidad intelectual en un espacio didáctico para que pueda tener un proceso de aprendizaje significativo, enseñándole con los objetos que utiliza o que ve a diario, como un vaso, un peine, un jabón, una pluma, un cuaderno, un árbol, una casa, un coche, un teléfono, entre otros, las características, significados y funciones de cada uno de ellos.
- Se sugiere estimular la comprensión de este pequeño con diferentes recursos y materiales didácticos, apoyándolo de manera especial y sistemática para entender y utilizar los siguientes signos y conceptos con miras a ampliar su desarrollo intelectual:

- Nociones espaciales (dentro, dónde, fuera, abajo...)
- Nociones temporales (cuándo, después, pronto, rápido, despacio...)
- Nociones causales (por qué, para...)
- Categorías (tamaños, colores, formas...)
- Preguntas concretas (qué hace, quién, cuándo...)

De esta manera, mediante la adquisición del lenguaje de comprensión y de expresión, el niño, aun con su discapacidad, podrá ampliar su comunicación y tendrá cada vez más recursos para expresarse, seguir secuencias lógicas, planificar el juego y las actividades, recordar lo que sucedió en el pasado, intentar explicar lo que ocurre en su entorno, comprender las consecuencias de los actos, así como identificar y expresar sus sentimientos.

❀ Los pequeños con discapacidad intelectual a menudo comprenden más de lo que son capaces de expresar, por lo que es esencial no limitar su proceso de aprendizaje, aun cuando no manifiesten los conocimientos adquiridos de la manera esperada para su edad.

❀ El niño que presenta dificultades para aprender requiere contar con la atención cercana e individual de los maestros que trabajan con él, durante un periodo de su horario escolar, de modo que pueda reafirmar los conocimientos con el apoyo especial. También será necesario que sus maestros elaboren un programa de trabajo individual que contemple las necesidades particulares del menor, para poder así evaluar sus avances y detectar las áreas en las que necesita apoyo.

❀ Para enseñar el proceso de lectoescritura a este niño, se recomienda utilizar métodos adecuados, agrandar las imágenes y las letras, así como trabajar con papel con líneas y cuadrículas grandes marcadas en negrilla y lápices gruesos que faciliten la coordinación fina.

- Para enseñar los conceptos matemáticos, se sugiere emplear objetos que el niño pueda manipular, como cubos, monedas y ábacos, ya que así podrá comprender de manera concreta algunos conceptos abstractos.
- El niño con discapacidad intelectual requiere más tiempo para localizar e identificar un objeto, por lo que se deberá tener paciencia para que pueda alcanzar este objetivo. También se debe cuidar que no se sienta fatigado cuando esté estudiando, por lo que conviene realizar actividades por periodos cortos de tiempo pero durante todo el día.
- Cuando se trabaja en la enseñanza de niños con esta condición, se recomienda mantener con un mismo orden el lugar de trabajo y presentar los materiales educativos sobre una mesa simple para evitar confusiones y distracción.
- Se recomienda estimular de manera especial el ejercicio de estos niños con el fin de promover un mejor desarrollo, ya que se ha observado que el movimiento es una actividad fundamental para mejorar el aprendizaje de los seres humanos. Para esto, se recomienda realizar actividades que ayuden a mejorar la calidad de la motricidad, mantener el equilibrio y precisar la coordinación.
- Se sugiere identificar las funciones y las áreas del cuerpo de este pequeño que presenten menos alteraciones, para que a través de ellas el niño aprenda a utilizar sus capacidades.

* Con frecuencia el niño muestra dificultades motrices y de coordinación en los brazos y las manos, por lo que es necesario proporcionarle material especial para mejorar su motricidad fina, como cuentas para ensartar, estambre, aros, rompecabezas de madera, juegos para armar y legos, entre otros.

* Un aspecto por considerar de manera especial, es mantener la postura corporal correcta de este menor. Para ello, se recomienda colocarlo desde pequeño en posición vertical con la ayuda de asientos o cojines, de manera que pueda tener una visión que le permita conocer el mundo y aprender desde la misma perspectiva en que lo hacen la mayoría de los niños.

* Para ofrecer una mejor atención a este niño, es importante asegurarse de que quienes trabajan con él conozcan con precisión las causas de sus dificultades específicas y las características que muestran en cada caso, ya que será diferente atender a un niño con síndrome de Down, que uno que presente una lesión cerebral u otro tipo de alteraciones neurológicas.

RECOMENDACIONES GENERALES PARA TRATAR A UN NIÑO CON DISCAPACIDAD INTELECTUAL

Los pequeños con discapacidad intelectual crecen más despacio que los demás niños de su edad.

Sin embargo, cuando se les brindan las oportunidades adecuadas, logran evolucionar en los diferentes aspectos de su desarrollo como son el área motriz, de lenguaje, aprendizaje y social. Para lograr esto, se propone poner en práctica estas recomendaciones:

- Observar con cuidado y solicitar valoraciones de su desarrollo con el fin de encontrar alternativas para atenderlos y estimularlos. Estos pequeños suelen presentar desfases en el desarrollo, es decir, en algunos aspectos evolucionarán más despacio que en otros, con un ritmo diferente, lo que puede ocasionar confusiones para identificar las capacidades y limitaciones específicas de cada uno.

- Fortalecer las áreas en las que se observe mayor posibilidad de crecimiento, sin detener su desarrollo general al pretender que adquiera los mismos conocimientos que logran sus compañeros que no presentan discapacidad.

- Acompañarlos para que puedan adaptarse a su entorno social, buscando alternativas para relacionarse con los demás.

- Estar dispuesto para comprender el código de comunicación particular que cada uno de ellos elabora.

- Enseñarles diversas alternativas para ayudarles a comprender lo que se les pretende comunicar, considerando que casi siempre entienden más de lo que pueden decir.

- Utilizar frases breves y sencillas, así como la expresión por medio de los gestos y las manos, para mejorar la comunicación con ellos y promover la adquisición del lenguaje.

- Fomentar la repetición de diálogos de películas y canciones que los niños pueden escuchar en grabadoras o televisores para ampliar su lenguaje.

- Establecer contacto visual con ellos para mantener su atención y asegurarse de que comprenden lo que se está diciendo.

- Emplear imágenes visuales o utilizar la mímica para complementar su comunicación y aprendizaje, así como intensificar los sonidos y los movimientos para atraer su atención y facilitar su aprendizaje.

- Explicar en detalle los procesos que se pretende enseñarles, procurando animarlos para que obtengan buenos resultados. En estos casos se requiere hacer un esfuerzo adicional para lograr efectuar tareas que para la mayoría de las personas resultan sencillas.

- Procurar mantener el volumen bajo en algunos aparatos como la radio, la televisión o los de uso doméstico como la aspiradora o la licuadora, con el fin de mejorar su atención, ya que dichos sonidos pueden distraerlos o alterarlos.

- Buscar la manera de hacerles saber que se quiere hablar con ellos, estimulando su atención, mirándolos a los ojos, llamándoles por su nombre o tocando su brazo.

- Promover que tengan la posibilidad de participar en la mayoría de los juegos y actividades que realizan sus compañeros, supervisando que se lleven a cabo las alternativas que les permitan integrarse.

- Estimular por medio de ejercicios su motricidad en la vida cotidiana, ya que es común que presenten dificultades motrices, problemas de coordinación o posturas incorrectas.

- Anticipar las actividades que se van a realizar para que adquieran seguridad y orden, y tengan la capacidad de imaginar los sucesos antes de que ocurran. Por ejemplo, en un día ordinario se sugiere contarles que lo primero que harán por la mañana será desayunar, después se bañarán y más tarde, saldrán de paseo a un parque.

🌼 Supervisarlos al llevar a cabo las actividades de la vida cotidiana, por lo que se requiere que alguien esté dispuesto a ayudarle a solucionar las dificultades que pueden ocurrir en los procesos de alimentación, aseo, descanso y juego; sin embargo, a la vez hay que promover su independencia.

🌼 Acompañarlos o vigilarlos a distancia cuando se encuentran en espacios abiertos, para asegurarse de que no se expongan a peligros o situaciones imprevistas que pongan en riesgo su integridad personal. Esto favorecerá su independencia, su autonomía y su confianza en sí mismos.

🌼 Establecer límites claros, observar su conducta y enseñar buenos hábitos, así como el respeto a sí mismos y a los demás. Aun cuando suele ser complicado educarlos, es posible lograr grandes avances en su adaptación social, lo que les permitirá interactuar, aprender, comunicarse y ser personas productivas.

🌼 Considerar que las reacciones de estos niños suelen ser lentas, por lo que se recomienda tener mucha paciencia y darles más tiempo para observar sus respuestas, intentando ponerse en su lugar para entender mejor sus necesidades particulares y respetándolos siempre.

JUGUETES QUE SE RECOMIENDAN PARA LOS niños CON DISCAPACIDAD INTELECTUAL

Los niños con discapacidad intelectual pueden utilizar todos los juguetes que se encuentren a su alcance, siempre y cuando muestren interés y gusto por ellos. Será importante en estos casos, supervisar la seguridad de los juguetes para evitar riesgos.

Cualquier juguete puede ser adecuado para un niño con discapacidad intelectual. Sin embargo, hay que considerar la evolución y madurez del pequeño para adquirir los juguetes de acuerdo con su desarrollo, dejando a un lado la edad cronológica. Por ejemplo, si un juguete es indicado para un niño de tres a cinco años, probablemente sea adecuado para un pequeño de siete años con discapacidad intelectual.

Al momento de elegir el juguete debe tomarse en cuenta, entre sus características, que resulte atractivo para el niño, de manera que aumente su atención, pueda ser manejado con facilidad, promueva su autonomía, sea seguro y accesible, no propicie accidentes, no contenga sustancias tóxicas y favorezca su integración con el entorno.

El diseño del juguete debe ser sencillo y realista, para que no requiera altos niveles de concentración o razonamiento, y así el niño pueda aprender mediante el juego. Si se trata de juguetes electrónicos, es necesario cuidar que éstos permitan un tiempo de respuesta largo que se adapte al ritmo del pequeño. Cuando los juegos implican reglas, como ocurre con los juegos de mesa, habrá que adaptarlas al nivel intelectual del niño para favorecer su participación.

Se recomienda representar, a través del juego, actividades de la vida cotidiana, como: "la casita", "la comidita", "el doctor", "el supermercado", "el taller", "la escuelita", entre otras, con la intención de que el niño aprenda a desenvolverse en estas situaciones.

Se sugiere observar con cuidado el juego del pequeño para descubrir situaciones que le preocupen o le interesen; ésta es una manera de escucharlo y comprenderlo mejor.

Es importante ofrecer una amplia variedad de juegos para evitar el juego repetitivo y enriquecer así las posibilidades de desarrollo.

Finalmente, como se ha mencionado, un aspecto que es necesario tomar en cuenta para jugar con estos niños tiene que ver con la paciencia, ya que será necesario explicarles varias veces las instrucciones y adaptarse a las propuestas de pequeño, quien será el que indique cómo quiere jugar.

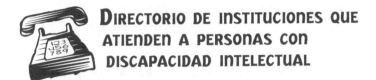

DIRECTORIO DE INSTITUCIONES QUE ATIENDEN A PERSONAS CON DISCAPACIDAD INTELECTUAL

Adelante Niño Down
Teléfono: 04455-3204-9673

Asociación Mexicana Pro Niño Retardado, A. C.
Teléfono: 5666-3254

CAPYS (Centro de Adiestramiento Personal y Social, A.C.)
Teléfonos: 5559-6892 y 5575-1938

Casa Hogar "Beatriz de Silva". Fundación de ayuda al débil mental, A. C.
Teléfono: 5656-5418

Casa Hogar "Instituto Herber Martínez de Escobar", A. C.
Teléfonos: 5656-1337 y 5543-4022

Centro de Aprendizaje y Desarrollo "La Casita"
Teléfonos 5639-7892 y 3095-3093

Centro de Educación Especial para Personas con Discapacidad
Teléfono: 5277-6178

Centro de Educación Especial, Terapia y Rehabilitación, I. A. P. (CEETYR)
Teléfono 5277-6178

Comunidad Down
Teléfonos 5635-2462 Exts.104 y 105

CONFE (Confederación Mexicana de Organizaciones a Favor de la Persona con Discapacidad Intelectual, A. C.)
Teléfonos: 5292-1390 y 5292-1392

DOMUS – Instituto de Autismo
Teléfonos: 5578-0133 y 5578-0123

Excelencia Educativa (EXCELDUC)
Teléfonos 5596-7040 y 5596-7336 Ext. 43

Fundación John Langdon Down
Teléfonos 5606-3809 y 01800-DOWN-100

KADIMA
(Asociación civil judeo-mexicana para personas con necesidades especiales y/o discapacidad)
Teléfono: 5295-1235

Página en Internet Down 21
www.down21.org

En caso de requerir atención personalizada para encontrar el lugar adecuado para atender a un niño con discapacidad puede llamar a "Discapacitarte", teléfono 5604-1130, celular 04455 2690, 1161 o escribir a discapacitarte@prodigy.net.mx.

Otras discapacidades

Algunas condiciones que se presentan en los niños no se pueden ubicar con precisión dentro de los tipos de discapacidad que hemos mencionado. A continuación se explicarán brevemente, con el objetivo de que los padres de estos pequeños puedan encontrar alternativas para su atención.

DISCAPACIDAD DEL TACTO (FALTA DE SENSIBILIDAD EN EL CUERPO)

Por lo general la discapacidad del tacto se conoce como falta o pérdida de sensibilidad, la cual se refiere a la falta de sensibilidad total o parcial de la piel y/o los músculos que cubren alguna parte del cuerpo. Esta condición puede ocasionar dificultades y riesgos particulares que es muy útil considerar.

Los niños con alteraciones del tacto no sienten lo que tocan o perciben estas sensaciones de manera distorsionada con hormigueos, poca precisión, sensación de anestesia o después de un tiempo más largo que el común.

Esta condición, aunque es poco conocida, ocasiona dificultades para mover la zona afectada con facilidad, rapidez y seguridad, para coordinar los movimientos del cuerpo, para realizar actividades que requieran movimientos finos, principalmente de las manos, y para tener la fuerza muscular suficiente para levantar peso.

Los niños con esta discapacidad tienen mayor riesgo de quemarse, cortarse o lastimarse la piel de diferentes maneras debido a que no son capaces de percibir las diversas temperaturas, texturas y pesos. También pueden caer o tropezarse con más frecuencia ya que no perciben los desniveles en el piso o tienen dificultades para realizar ciertos movimientos con rapidez.

En estos casos, es común que los reflejos se encuentren alterados y sean lentos, lo que también aumenta la posibilidad de que ocurran accidentes al no poder reaccionar con rapidez ante eventos inesperados.

Esta discapacidad es muy difícil de detectar en los niños cuando son pequeños, por lo que es indispensable observar sus movimientos con cuidado y, en caso de identificar algunas dificultades como las mencionadas, acudir al pediatra y al neurólogo, especialistas que podrán encontrar la causa de esta condición e indicar el tratamiento que se debe seguir.

Los pequeños que manifiestan alteraciones en el sentido del tacto deberán ser tratados como cualquier niño de su edad. Sin embargo, será necesario apoyarlos para que logren desplazarse con seguridad y realizar sus actividades con las adaptaciones que requieran, ya sea con el uso de aparatos o con la ayuda de otras personas. En algunos casos necesitarán del tratamiento de un fisioterapeuta que les ayudará a mejorar la calidad de sus movimientos.

Como ocurre en otros tipos de discapacidad, los maestros que trabajen con estos niños deberán conocer las dificultades físicas de su alumno, con el fin de que encuentren los medios y las herramientas necesarios para facilitar la práctica y el desarrollo de su aprendizaje.

Los adultos que cuidan a los niños que presentan alguna alteración táctil, deberán ser informados de esta situación y de los riesgos que conlleva no sentir adecuadamente. Por lo general, estas alteraciones pasan inadvertidas debido a que no pueden observarse a primera vista y, por tanto, estos niños no reciben el trato y los cuidados especiales convenientes, lo que obstaculiza su desarrollo y pone en riesgo su seguridad física.

Para evitar dificultades y riesgos en los niños con alteraciones en el sentido del tacto se recomienda lo siguiente:

- ❊ Explicar al niño con esta condición los cuidados que debe tener en su cuerpo diariamente.

- ❊ Enseñarle a expresar a los demás sus dificultades, con el propósito de que lo comprendan y puedan ayudarlo.

- ❊ Evitar que camine descalzo.

- ❊ Revisar que los zapatos y la ropa que utilice sean suaves y sin relieves que pudieran lastimarle, pues por la falta de sensibilidad no podrá darse cuenta fácilmente de cuándo se está dañando.

- ❊ Evitar su exposición prolongada al sol.

- ❊ Cuidar que utilice el agua a una temperatura adecuada para evitar quemaduras.

- ❊ Supervisar cuando haga uso de aparatos eléctricos, estufas o instrumentos filosos, para así evitar accidentes.

DISCAPACIDAD DEL OLFATO Y DEL GUSTO

Si bien la discapacidad de los sentidos del olfato y el gusto es poco conocida, existe y ocasiona importantes dificultades, riesgos y alteraciones en el carácter de quienes la padecen.

Esta discapacidad se refiere a la imposibilidad o dificultad que tiene una persona para percibir los sabores y los olores que se encuentran en su medio ambiente.

No es nada fácil detectar esta condición en los niños, sobre todo cuando son pequeños, pero conviene saber que quienes no pueden percibir los olores tienen riesgo de intoxicarse al aspirar durante un tiempo prolongado sustancias tóxicas como gas, pinturas, pegamentos, humo, alimentos en descomposición y otras soluciones químicas que ocasionan daños en el organismo.

Asimismo, las personas con alteraciones en el sentido del gusto corren peligro cuando comen, pues no pueden darse cuenta de si algún alimento está descompuesto o demasiado caliente, lo que ocasionaría enfermedades o accidentes.

Cuando no se pueden experimentar diferencias en los sabores de los alimentos ni los olores agradables, las personas con alteraciones en los sentidos del olfato y del gusto tienden a deprimirse seriamente y a tener problemas para relacionarse con los demás.

En los casos en que se detecten estas dificultades hay que acudir con un pediatra, quien valorará si se requiere la atención de un neurólogo o de un otorrinolaringólogo para indicar el tratamiento adecuado. También existen terapias alternativas, como la osteopatía, que pueden ayudar a mejorar esta condición poco conocida.

Cuando no sea posible recuperar estos sentidos, será necesaria la supervisión frecuente de otra persona o la instalación de alarmas para evitar riesgos.

Las otras discapacidades...

Al decir las otras discapacidades, nos referimos a todas esas alteraciones que son el resultado de síndromes, enfermedades o causas no específicas, las cuales se pueden deber a trastornos genéticos, alteraciones del crecimiento poco conocidas, deficiencias nutricionales, exposiciones a productos químicos y medicamentos nocivos, así como a situaciones que no están catalogadas con claridad dentro un diagnóstico, pero que ocasionan una discapacidad permanente en alguna o en varias partes del cuerpo, o que modifican de manera importante la conducta del niño.

En estos casos será indispensable llevar al niño con un médico pediatra con experiencia en discapacidad infantil, quien de preferencia labore en alguna institución que se dedique a la atención de niños con discapacidad. Su experiencia clínica le permitirá recomendar el tratamiento y los especialistas indicados para valorar al niño y poder darle el seguimiento que requiere o canalizarlo con alguna institución dedicada a la atención de estas situaciones.

El médico especialista, que puede ser un genetista, practicará al niño un estudio médico minucioso que incluya los estudios de laboratorio y los exámenes de gabinete necesarios, con el objeto de detectar cualquier alteración que surja en los órganos internos del cuerpo. Así descartará posibles afecciones o en caso de que se presenten, las atenderá de la manera que se requiera en el momento oportuno.

La palabra síndrome quiere decir un conjunto de síntomas, por lo que los niños con esta condición por lo general presentarán diversas alteraciones en su cuerpo. Sin embargo, no todos tendrán las mismas alteraciones ni se manifestarán en ellos todos los síntomas característicos de un síndrome; más bien, cada uno se desarrollará de manera única y particular, por lo que será necesario observar cuáles son sus síntomas, capacidades y limitaciones.

En muchas ocasiones, los niños con estas condiciones en un principio adversas, llegan a desarrollarse de manera sorprendente y llevan una vida con posibilidades de desempeñarse de manera parecida a como lo hacen otras personas de su misma edad.

En otros casos, muestran un desarrollo con alteraciones permanentes que les dificultan realizar algunas actividades, por lo que necesitan recibir apoyo o supervisión constante de otras personas.

Algunas características generales que se pueden observar en los bebés que tienen alguna discapacidad pueden ser las siguientes:

- ❀ Dificultad para la succión y deglución
- ❀ Manos cerradas o empuñadas
- ❀ Brazos continuamente flexionados
- ❀ Cabeza y tronco que empujan fuertemente en extensión (arqueados)
- ❀ Falta de sostén y control de la cabeza
- ❀ Dificultad para mantenerse sentado después de los seis meses
- ❀ Piernas cruzadas
- ❀ Pies apoyando en punta
- ❀ Persistencia de reflejos primitivos
- ❀ Alteraciones del tono muscular, ya sea muy alto (hipertonía) o muy bajo (hipotonía)

Los bebés se desarrollan en orden céfalo caudal, lo cual significa que su desarrollo comienza por el sostén de la cabeza, continúa con el control del tronco hasta llegar a las extremidades superiores (brazos) e inferiores (piernas).

En algunos casos, se presentan alteraciones de este tipo que ocasionan malformaciones que afectan de manera considerable la calidad de vida del niño y en ocasiones comprometen su vida. Sin embargo, aun en estas situaciones tan difíciles y dolorosas, será necesario proporcionar al niño la mejor atención posible para optimizar su calidad de vida y la de su familia.

Por supuesto, es fundamental contar con un diagnóstico que proporcione información sobre los aspectos que se deben atender para comprender mejor al niño con discapacidad. Sin embargo, los diagnósticos precisos suelen "etiquetar" a los niños limitando sus posibilidades de desarrollo, por lo que los diagnósticos deberán considerarse sólo como una guía, teniendo siempre en cuenta que cada persona es diferente. Por otra parte, en los casos en que no sea posible establecer dicho diagnóstico, habrá que conocer al niño de manera individual.

A continuación se mencionarán y explicarán con brevedad algunos síndromes que generan alteraciones en el crecimiento y en el desarrollo de los niños ocasionando una discapacidad, con el fin de que se les brinde la atención adecuada para evolucionar lo mejor posible dentro de su condición.

BEBÉS PREMATUROS Y DE ALTO RIESGO

Se consideran bebés prematuros los niños que nacen antes de las treinta y siete semanas de gestación. En estos casos los recién nacidos tienen menor peso que aquellos que cumplen el tiempo normal del embarazo.

Si bien no se conocen con precisión las causas del parto prematuro, se sabe que pueden provocarlo algunos hábitos de la madre como el tabaquismo, la ingesta de alcohol y la mala alimentación. Otras causas que precipitan el nacimiento de un bebé pueden ser los embarazos múltiples, el exceso de ejercicio, las infecciones, algunas enfermedades como la diabetes y la ingesta de algunos medicamentos.

Los bebés prematuros llegan a experimentar problemas de salud debido a que nacen con bajo peso y a que sus órganos todavía no se encuentran completamente desarrollados, lo que podría ocasionar que se presenten algunas secuelas importantes como una discapacidad.

Algunos de los problemas que puede presentar un niño que nace antes de tiempo son los siguientes:

- Inmadurez del aparato digestivo, la cual le impide deglutir o succionar adecuadamente, por lo que puede requerir recibir la alimentación por medio de suero, goteros u otros instrumentos indicados en estos casos.

- Incapacidad para regular la temperatura corporal en los niveles normales, por lo cual los bebés son colocados dentro de una incubadora para mantener el calor y simular el ambiente dentro del vientre de la madre.

- Propensión a contraer infecciones debido a la falta de desarrollo del sistema inmunitario (o de defensas) del cuerpo.

- Frecuentes complicaciones en el funcionamiento de los sistemas respiratorio, gastrointestinal, cardiovascular y neurológico, así como en los órganos de los sentidos, principalmente en la vista y la audición.

- Bajo tono muscular que dificulta que se realicen los movimientos con la calidad y la habilidad esperadas durante los primeros meses de vida, por lo que hay que recurrir a tratamientos terapéuticos para adquirir el desarrollo adecuado tomando en cuenta la edad cronológica. El objetivo de estas terapias será estimular el ritmo y la calidad del desarrollo del niño.

Además de recibir los tratamientos, los cuidados médicos y la nutrición especial necesarios en estos casos, los bebés prematuros deberán ser valorados por un terapeuta físico, quien será el responsable de indicar el tratamiento adecuado para evitar la fijación de patrones anormales del movimiento y el desarrollo, así como los ejercicios para estimular su crecimiento.

Los tratamientos de estimulación temprana se componen de una serie de ejercicios que promueven el desarrollo motor y sensorial del bebé, los cuales tendrán un efecto muy relevante en estos casos. Por consiguiente, se sugiere someter al niño a esta práctica, considerando realizar las adecuaciones necesarias para su edad.

Con el fin de ayudar al recién nacido a relajarse y reducir el estrés se recomiendan diversos tipos de masaje, por ejemplo, el masaje vimala, que favorecerán su desarrollo y la integración de su cuerpo. Asimismo, se ha observado que la cercanía del bebé con los latidos del corazón de su madre reduce considerablemente el estrés en los niños prematuros, además de que favorece la formación de un vínculo afectivo.

La musicoterapia es otra alternativa para mejorar el desarrollo de estos pequeños y se sugiere en estos casos utilizar la música clásica con un volumen bajo, con el fin de promover la relajación, facilitar la alimentación, aumentar el peso, ayudar a reducir el dolor, así como mejorar la respiración y el ritmo cardiaco.

Para evitar en lo posible los nacimientos prematuros, se recomienda que la madre procure tener un cuidado especial con su cuerpo durante el embarazo, así como que se someta a revisiones médicas frecuentes que permitan detectar a tiempo cualquier anomalía y en caso necesario se practiquen los tratamientos que se requieran para lograr que el bebé nazca a tiempo.

Síndrome de Down (trisomía 21)

El síndrome de Down es una de las alteraciones genéticas que se presentan con mayor frecuencia en los niños y se debe a la presencia de un cromosoma de más en el bebé desde el inicio de su gestación. Se desconocen las causas específicas de esta condición.

En general los niños con síndrome de Down se desarrollan más despacio que los niños de su edad, pero con el tiempo logran ser autosuficientes en la mayoría de sus actividades cotidianas.

En la actualidad, las personas con síndrome de Down se desarrollan cada vez más en diversas áreas (familiar, escolar, social), lo que les permite integrarse a la sociedad con mayor facilidad. Tienden a ser muy sociables, afectuosas, creativas e interesadas en realizar muchas actividades.

La mayoría de los niños que nacen con esta condición presentan bajo tono muscular, un desarrollo intelectual más lento que el de los niños de su edad y ciertos problemas de conducta particulares. Algunos de ellos también tienen alteraciones en el lenguaje y en la visión.

Sin embargo, conviene considerar que no todos los niños con síndrome de Down muestran todas estas dificultades y que éstas variarán en cuanto al grado de afectación en cada persona. Además, estas situaciones mejoran considerablemente con los tratamientos y terapias adecuados aplicados desde los primeros meses de vida.

Se recomienda que estos niños sean tratados como los demás miembros de su familia, que asistan a la escuela desde pequeños y que reciban terapia física, de lenguaje y de aprendizaje para mejorar su desarrollo y su calidad de vida.

También puede ser muy favorable que practiquen deportes como la natación, la equitación, las artes marciales y realicen actividades artísticas como la danza, la pintura, la música, la escultura y la expresión literaria.

De manera general se pueden diferenciar tres tipos de alteraciones en este síndrome: el conocido como trisomía 21 regular, en el que todas las células del niño se encuentran con un cromosoma de más (47 cromosomas); la trisomía 21 mosaico, en la que algunas células son normales y otras presentan la trisomía, y la trisomía 21 por translocación, en la que el cromosoma 21, en vez de encontrarse libre, se adhiere a otro cromosoma.

Aun cuando existen diferentes tipos de síndrome de Down, las características y alteraciones que muestran estos niños por lo general son muy parecidas y los tratamientos que precisan son los mismos.

Algunos niños con este síndrome pueden presentar además malformaciones en algunos órganos internos de su cuerpo como el corazón y el estómago, por lo que deben ser revisados desde que nacen por un médico pediatra especialista, quien en caso necesario será el responsable de indicar los estudios y tratamientos necesarios para su atención.

PARÁLISIS CEREBRAL

La parálisis cerebral es un trastorno neuromotor que se manifiesta desde la infancia y que puede comprometer las funciones del cerebro y del sistema nervioso como el movimiento, el aprendizaje, la audición, la visión y el pensamiento.

El daño neurológico que ocasiona la parálisis cerebral puede originarse antes, durante o poco después del nacimiento.

Algunas de las posibles causas son infecciones maternas en las primeras etapas de la gestación como la rubeóla o citomegalovirus, el parto difícil o prematuro que dificulta o impide al bebé respirar normalmente al nacer (anoxia), la hemorragia cerebral en bebés prematuros, el desarrollo inadecuado del cerebro sin razón aparente durante la gestación o el desorden genético heredado de origen desconocido.

Dependiendo de la parte del cerebro que se encuentre con daño los niños tendrán algunas de las siguientes características: movimientos lentos, burdos o entrecortados, rigidez, debilidad, espasmos musculares, flacidez o movimientos involuntarios.

De manera general, son tres los tipos de parálisis cerebral, dependiendo del área del cerebro afectada:

- Espástica: este tipo de parálisis tiene su origen en un daño de la corteza cerebral, lo que ocasiona una fuerte tensión en los músculos que impide o dificulta los movimientos de brazos, piernas y/o cabeza.

- Atetósica: en este caso, el origen de la parálisis reside en la afectación de los ganglios basales del cerebro, lo que ocasiona desórdenes del movimiento, así como dificultades de control y coordinación dado que los músculos de estos niños cambian rápidamente de la flacidez a la tensión. El lenguaje puede ser difícil de entender porque experimentan dificultades para controlar la lengua, la respiración y las cuerdas vocales.

- Atáxica: el origen de esta situación se puede encontrar en un daño en el cerebelo que ocasiona dificultades para mantener el equilibrio, caminar y hablar con fluidez.

Es difícil predecir cómo afectará la parálisis cerebral a cada niño cuando es muy pequeño, por lo que deberá llevarse a cabo de manera oportuna un programa especial en cada caso que permita el mejor desarrollo posible, dado que cada persona tendrá diferentes dificultades de movimiento, con diversos grados de alteración y en diferentes partes del cuerpo.

Considerando que la capacidad de compensación de cada cerebro es única y que existe la denominada plasticidad cerebral en el infante, será fundamental proporcionar terapia física desde los primeros meses de vida con el propósito de estimular las áreas dañadas y así lograr que en lo posible el niño controle sus movimientos, mantenga el equilibrio, mejore su tono muscular, adquiera un lenguaje más claro, etcétera.

La parálisis cerebral no es progresiva. Los niños con esta condición que son atendidos desde pequeños con la estimulación y los tratamientos adecuados pueden llegar a adquirir un desarrollo similar al de los demás niños de su edad, aun cuando requieran adaptaciones especiales según su caso.

Cuando la parálisis cerebral no afecta la capacidad intelectual, estos pequeños pueden llegar a desarrollar una inteligencia igual o mayor que la de los niños de su edad, aun cuando su apariencia física haga dudar que comprenden lo que ocurre en su entorno. Por ello, es imprescindible ofrecerles los medios idóneos para que se desarrollen de la mejor manera posible.

Se recomienda que estos niños sean atendidos por un fisioterapeuta especializado en la técnica Vojta desde los primeros meses de edad. De esta manera tendrán mayores posibilidades de desarrollar patrones neuromotrices muy cercanos a lo normal, al modificar el tono muscular a partir de las primeras sesiones de terapia y provocar patrones de movimiento normales y una mejor coordinación del cuerpo.

Se ha observado que la aplicación de este tratamiento puede formar vías neurológicas del control del movimiento al establecer paulatinamente nuevas estructuras cerebrales superiores.

Asimismo, en algunos casos será necesario que estos pequeños reciban terapia de lenguaje y de aprendizaje para que logren adquirir los elementos que les permitirán expresarse con más claridad y lograr un mejor rendimiento escolar.

ACONDROPLASIA (TALLA BAJA)

La acondroplasia es una condición de origen genético, que altera los cartílagos del crecimiento. En el lenguaje común, los niños con acondroplasia son conocidos como niños de talla baja o con enanismo.

Esta situación se presenta cuando existen antecedentes familiares, cuando la edad del padre es avanzada o bien por causas todavía desconocidas.

Dentro de las características generales de estos niños se observa un crecimiento anormal del sistema óseo, con disminución de las extremidades y una longitud normal en la columna vertebral. En ocasiones la cabeza es grande en proporción al tamaño del cuerpo.

Los niños con acondroplasia generalmente tienen la misma esperanza de vida que cualquier persona y una evolución intelectual normal. Sin embargo, su desarrollo motor es más lento y la coordinación de sus movimientos, más limitada.

Por lo anterior, muchas personas consideran que los niños de talla baja no presentan una discapacidad, lo que lleva a recomendar tratarlos como si no tuvieran esta situación en la vida cotidiana, incluyéndolos en todas las actividades que realizan los niños de su edad. A pesar de esto, debemos tomar en cuenta que sí les cuesta más trabajo realizar algunos movimientos y existe un prejuicio social que puede afectar su desarrollo emocional. Asimismo, hay que considerar que a estas personas se les dificultan muchas situaciones de la vida cotidiana, como tomar objetos de lugares altos, subir escalones, ingresar a los transportes con rapidez, entre otras, por lo que es importante ofrecerles apoyo en esos momentos.

Dentro de los síntomas que podemos observar en los niños de talla baja se encuentran la disminución del tono muscular, la frente prominente, los brazos y piernas cortos, ciertas curvaturas de la columna vertebral, algunas diferencias en la forma de las manos y los pies en arco.

Si bien no existe un tratamiento farmacológico efectivo para curar la acondroplasia, es muy importante que un pediatra especializado valore a los niños que nacen con esta condición, debido a que pueden presentarse ciertas complicaciones médicas, como compresiones de la médula espinal, acumulación de líquido en el cerebro, infecciones de oído, malformaciones en los pies o en algunos órganos, y otras que pueden ser atendidas satisfactoriamente cuando se detectan a tiempo.

En los últimos años, se han realizado múltiples investigaciones encaminadas a evitar la acondroplasia; por ejemplo, se ha intentado regular el número de células dentro de la placa del crecimiento en fetos, así como modificar ciertos cromosomas que son los responsables de producir sustancias que intervienen en el crecimiento.

Se ha observado que cuando los niños con talla baja son aceptados por su familia y por la sociedad tienden a desenvolverse en forma favorable y en muchas ocasiones su carácter es agradable. De ahí la relevancia de que los padres de estos niños reconozcan sus sentimientos de culpa, temor o rechazo y en caso necesario busquen ayuda profesional para superarlos.

Existen diversos tratamientos que favorecen el desarrollo adecuado de los niños con acondroplasia, entre los que se encuentran:

- La terapia física, que les ayuda a aumentar su tono muscular.

- Las técnicas de neurodesarrollo, que mejoran la coordinación y la velocidad de sus movimientos.

- La terapia acuática, que aporta múltiples beneficios para su rehabilitación mediante la aplicación de ejercicios especiales que disminuyen las complicaciones que se pueden presentar en estos casos.

- El tratamiento psicológico, que puede ayudarles a aceptar su imagen corporal y enfrentar su situación en la sociedad.

Autismo

El autismo es un trastorno del desarrollo de las funciones del niño que afecta principalmente las posibilidades de comunicación emocional con otras personas, así como la organización de la conducta en su vida cotidiana. La palabra autismo proviene del griego *autós* que significa propio o uno mismo.

Los niños autistas viven en su propio mundo y experimentan dificultades importantes para establecer contacto con los demás. Esta condición aparece con más frecuencia en los niños varones.

Las conductas autistas se manifiestan desde el primer año de vida, pero por lo general esta condición se detecta alrededor de los tres años de edad, cuando los padres perciben que el desarrollo de su hijo es diferente del de otros niños de su edad.

No se han determinado con precisión las causas del autismo, aunque se considera que este síndrome puede ser consecuencia de las relaciones del niño con su entorno, de ciertas deficiencias cognitivas, de determinadas alteraciones de los procesos bioquímicos básicos, como por ejemplo un exceso en la secreción de serotonina, anormalidades del desarrollo en el cerebro, causas genéticas, impacto de factores ambientales como la ingesta de sustancias tóxicas, la adquisición de infecciones y la administración de vacunas inadecuadas.

Dentro de los síntomas del autismo se puede observar en el niño dificultad para establecer contacto visual, balbuceo monótono, falta de contacto con el entorno, ausencia del lenguaje gestual, habilidades motoras desiguales, apego a objetos inanimados, indiferencia ante peligros reales, hiperactividad o extrema pasividad, aparente insensibilidad al dolor,

y otros. Algunos rasgos característicos de estos casos son la tendencia a caminar sobre la punta de los pies y la agitación de los brazos con movimientos que simulan alas.

En ocasiones los niños autistas no hablan o hablan muy poco, intentan expresarse con gruñidos y gemidos, repiten las mismas frases una y otra vez, les cuesta trabajo identificar a las personas, sus juegos son poco creativos, muestran relaciones afectivas atípicas, ríen sin motivo y pueden adoptar conductas agresivas. Sus intereses tienden a ser limitados, sus movimientos estereotipados, sus conductas rutinarias, y se afligen intensamente cuando se presentan cambios insignificantes en su entorno.

La inteligencia en estos casos varía desde un grado deficiente hasta un promedio alto en ciertas áreas, mostrando algunas destrezas sorprendentes para recitar largas frases o resolver problemas matemáticos complejos.

A pesar de que suele ser difícil cuidar a un niño con esta condición, es necesario y enriquecedor acercarse a su mundo para conocerlo e intentar establecer un contacto personal y afectuoso.

Conviene tomar en cuenta que lo importante para estos niños, no es lo importante para los demás, ya que ellos tienden a interesarse en cosas que pasan inadvertidas y se les dificulta establecer contacto emocional con otras personas, por lo que se adentran en sí mismos.

Cuando un niño con autismo logra encontrar una actividad placentera que involucra a otros, se dará una oportunidad privilegiada para interactuar con él, y esto a su vez favorecerá la relación.

Es frecuente que estos pequeños sufran también otros trastornos asociados como debilidad mental, dificultades de lenguaje, hiperactividad, autoagresión, conductas obsesivas, depresión, así como problemas en el sueño y la alimentación.

Como hemos mencionado, cada niño con discapacidad es único e irrepetible y no se presentarán todas estas alteraciones a la vez. Sin embargo, será necesario observar lo que ocurre en cada caso para establecer los tratamientos necesarios.

Si bien hasta el momento no existen tratamientos médicos efectivos para tratar el autismo, sí podemos encontrar fármacos que, combinados con una educación adecuada, tratamientos conductuales y una dieta especial sin gluten ni caseína, pueden lograr que el niño con esta condición alcance importantes mejorías en su calidad de vida, en la de su familia y en sus logros personales.

Cuando exista la sospecha de que un niño es autista, será fundamental que lo valore lo más pronto posible un médico pediatra, un especialista en audiología, un psicólogo, así como un terapeuta físico y ocupacional, para poder brindarle una atención integral que beneficie su desarrollo.

Las personas que vivan o trabajen con estos niños deben ser muy empáticas y observarlos de manera cuidadosa e individual, para así encontrar la manera adecuada de relacionarse con ellos. Se debe evitar dar por entendido que ellos piensan y sienten como lo hacemos nosotros, y se recomienda tener mucha paciencia y creatividad para encontrar nuevas formas y alternativas de comunicación.

Los autistas en general tienen un promedio de vida similar al de cualquier persona y vale la pena considerar que las manifestaciones de este síndrome cambiarán con el transcurso del tiempo, observándose que en ocasiones algunos de estos síntomas mejorarán y otros se complicarán.

Síndrome de Asperger

El síndrome de Asperger es un trastorno del desarrollo cerebral, que se caracteriza por la presencia de dificultades en la interacción social y la coordinación motora, así como por la manifestación de un interés inusual y exagerado por concentrarse en una actividad, acompañado de una conducta difícil de entender.

La causa principal del síndrome de Asperger es de origen genético y con frecuencia uno de los padres presenta un cuadro similar. Resulta interesante que es común encontrar en las familias de estos niños personas con autismo.

Este comportamiento fue descrito por el doctor Hans Asperger, médico austriaco que examinó las características de esta alteración, la cual suele ser más común en los niños que en las niñas.

Los pequeños con este síndrome tienen un aspecto normal, suelen ser inteligentes y no presentan retraso para hablar; sin embargo, manifiestan problemas para relacionarse con los demás y comportamientos inadecuados. Suelen fijar su atención en un tema concreto y se interesan de manera obsesiva y exagerada en su objetivo durante largo tiempo, por lo que el cerebro se desarrolla sólo en áreas específicas, afectándose así sus conexiones y habilidades sociales.

Otras de las características que se pueden observar en estos casos son la falta de empatía, la dificultad para identificar sus errores y la escasa habilidad para adivinar lo que otros dicen entre líneas. Todo esto puede generar complicaciones en la adaptación social y confusión en las relaciones interpersonales.

Los niños con esta alteración pueden llegar a tener trastornos del sueño y de la alimentación debido a su obsesivo interés por adentrarse en un tema y a su dificultad para cambiar de actividad.

Para establecer el diagnóstico, será necesario llevar al niño con un médico especialista en neuropediatría quien, con base en la historia y la observación clínica, podrá determinar la presencia de esta condición y recomendar en caso necesario medicamentos para mejorar los hábitos de sueño y conducta irritable.

Se recomienda tratar a estos niños de la misma manera que a sus compañeros para evitar que la falta de contacto social e interpersonal limite sus posibilidades de desarrollo. Asimismo, será muy importante forzarlo a interesarse en diversos temas para que no se limite su desarrollo intelectual.

DESORGANIZACIÓN NEUROMOTRIZ

La desorganización neuromotriz o disfunción cerebral es un síndrome en el que se manifiesta un desfase entre las habilidades motrices e intelectuales del niño.

Por lo general en estos casos, las habilidades motrices se desarrollan a un ritmo más lento que las intelectuales, las cuales presentan un desarrollo normal.

Este síndrome se detecta entre los cuatro y los siete años de edad, cuando los maestros observan en su alumno periodos cortos de atención, coordinación visomotriz deficiente y alteraciones en la postura.

El niño con alteraciones en la postura deberá ser atendido lo más pronto posible por un terapeuta físico quien, por medio de ejercicios, organizará su cuerpo en la posición adecuada que le permitirá aprender y coordinar sus movimientos.

La desorganización neuromotriz es causada por lesiones cerebrales que aparecen alrededor del parto debido a la falta de oxigenación, traumatismos, infecciones, contacto con sustancias tóxicas y otras. Este daño genera una lesión cerebral de la que se deriva un rendimiento neurológico por debajo esperado, un deterioro en algunas de las áreas que regulan el funcionamiento cerebral afectando el movimiento, el habla y algunas otras funciones. Para determinar los síntomas de la lesión cerebral es necesario identificar la zona en que se encuentra el daño.

Algunos de los síntomas surgidos en la desorganización neuromotriz pueden ser problemas de aprendizaje, dificultades en la atención, alteraciones de la memoria, alteraciones funcionales, problemas en la concepción tiempo-espacio, irritabilidad, hipersensibilidad del tacto, movimientos torpes, problemas de conducta y en ciertos casos, convulsiones.

Cuando un niño sufre convulsiones, independientemente del grado y la duración del evento, es fundamental que reciba atención médica inmediata y que sea valorado por un neuropediatra, quien será el especialista indicado para establecer el tratamiento a seguir.

Existen dos tipos de trastorno neuromotriz que se catalogan, según el grado y el tamaño de la lesión cerebral, como grandes y pequeños. A mayor grado de la lesión, mayores dificultades se observarán en el niño.

Se recomienda que los niños con este trastorno reciban terapias de aprendizaje y tratamientos psicológicos, combinados con una valoración neurológica y terapia física para mejorar la coordinación motriz.

Trastorno por Déficit de Atención e Hiperactividad (TDAH)

El trastorno por déficit de atención se refiere a las dificultades que un niño experimenta para mantener la atención y adoptar una conducta adecuada, además de mostrar una actividad corporal excesiva que le dificulta realizar las actividades cotidianas, de manera especial, las que se relacionan con la vida escolar.

Este trastorno tiene su origen en una disfunción cerebral mínima, ocasionada por una lesión en el sistema nervioso de origen desconocido. Se piensa que puede tener un origen genético, congénito o adquirido durante los primeros años de la infancia.

Vale la pena mencionar que esta condición no implica necesariamente la presencia de una discapacidad intelectual.

El TDAH se presenta con mayor frecuencia en los niños que en las niñas y puede perdurar toda la vida, siendo una de las causas más frecuentes de fracaso escolar y de problemas sociales en la edad adulta.

Sus síntomas son hiperactividad, impulsividad, problemas de aprendizaje, dificultades en la atención, trastornos motores leves, trastornos de lenguaje, alteraciones de la conducta, ansiedad, problemas del sueño, inestabilidad emocional, tics, y otros. Estos niños también pueden presentar dislexia –que se refiere a la dificultad en el aprendizaje de la lectura y escritura–, propensión a sufrir más accidentes que otros compañeros de su edad, así como problemas de coordinación y de lateralidad (confusión entre el lado derecho e izquierdo).

El diagnóstico de este síndrome es complejo y se evalúa por medio de la observación de la conducta del niño, de pruebas psicológicas, de exámenes neurológicos y ejercicios de coordinación física. Para obtener un resultado confiable y diferenciar este síntoma de otros similares, los padres, los maestros y las personas cercanas al niño deberán proporcionar información completa y detallada de su desarrollo físico y emocional.

Debido a la dificultad para establecer el diagnóstico, muchas personas dudan de la presencia de una discapacidad, por lo que tratan a estos niños con poca tolerancia y sin comprender su situación, lo que afecta en gran medida su autoestima y les dificulta continuar su desarrollo en forma adecuada.

Cuando exista la sospecha de la presencia de este trastorno en un niño, se recomienda acudir a un psicólogo y a un médico pediatra especializado, quienes determinarán las valoraciones que deberán realizarse para establecer el tratamiento.

En todos los casos, será necesaria una valoración neurológica para determinar si se requiere administrar algún tipo de medicamento; además, la atención psicopedagógica en la escuela será fundamental para que el niño pueda desarrollarse intelectualmente y adaptarse en su sociedad.

En ciertos casos, según las dificultades que presenten, los niños con TDAH deberán recibir algunas terapias, como terapias de aprendizaje, de lenguaje, visual, psicológica y neuromotriz.

Por último, es recomendable que los padres de estos pequeños reciban atención psicológica para aprender a tratar a su hijo de la mejor manera y para identificar si están ofreciéndole la atención suficiente, lo que en algunas ocasiones se considera una de las causas de este trastorno.

SÍNDROME DE WEST

El síndrome de West es una alteración cerebral que se manifiesta por la aparición de espasmos durante la primera infancia. Estas pequeñas convulsiones pueden ocasionar daños importantes a nivel cerebral que afectan el desarrollo del niño.

Este síndrome toma su nombre del médico William James West, quien describió durante el siglo XIX este cuadro particular que observó en su hijo.

Los síntomas específicos que pueden aparecer en un niño con síndrome de West pueden ser contracciones súbitas en el cuello, tronco y extremidades de duración variable, alteraciones respiratorias, movimientos involuntarios y dolores abdominales frecuentes.

Las causas de esta condición pueden ser diversas y tener su origen en factores genéticos, infecciones, trastornos metabólicos, falta de oxigenación cerebral, así como en hemorragias y traumatismos cerebrales que se presentan en diferentes etapas del desarrollo infantil.

Esta condición ocasiona también en los niños retraso psicomotor, alteraciones en el tono muscular, diversos tipos de parálisis y algunos rasgos de personalidad autista. El grado en que se manifiestan estos síntomas será variable, dependiendo del daño ocasionado por los espasmos a nivel cerebral.

El síndrome de West se presenta con más frecuencia en los niños que en las niñas y se manifiesta entre los tres meses y los dos años de edad.

Es difícil establecer con precisión el diagnóstico de este síndrome, por lo que los padres, al detectar algunos de estos síntomas en su hijo, deberán acudir con un médico especialista en neuropediatría, quien, mediante la observación clínica y la realización de diversos estudios como el electroencefalograma y la resonancia magnética, determinará la situación particular del niño y el tratamiento a seguir. La detección temprana de este síndrome será fundamental para encontrar el tratamiento adecuado y mejorar el pronóstico en estos casos.

El tratamiento para el pequeño con síndrome de West consiste en administrar medicamentos que evitarán o disminuirán la frecuencia de las convulsiones, relajarán su sistema nervioso y mantendrán en equilibrio su sistema metabólico. En algunos casos, el tratamiento quirúrgico será una opción para mejorar su condición de vida.

Además del tratamiento médico, el pequeño con esta condición deberá participar en las actividades que realizan los niños de su edad, así como recibir terapia física, de lenguaje y de aprendizaje con el fin de poder integrarse en su sociedad.

Será muy importante en estos casos, supervisar al niño de manera constante para poder atenderlo en caso de que presente convulsiones.

Espina bífida

La espina bífida es una alteración que ocasiona un desarrollo anormal de los huesos de la columna vertebral, de la médula espinal, así como del tejido nervioso y el líquido que rodea esta estructura. Esta alteración neurológica puede provocar que una parte de la médula espinal y de las áreas circundantes se desarrollen por fuera y no por dentro del cuerpo, como ocurre comúnmente.

Por otra parte la espina bífida es un tipo de anomalía congénita del tubo neural, el cual no se cierra en forma total o parcial en algún lugar de la columna vertebral y deja una abertura que puede quedar expuesta o cubrirse con hueso y piel.

El tubo neural se cierra al finalizar el primer mes de la concepción, antes de que muchas mujeres se percaten de su embarazo. Esta malformación puede deberse a las siguientes causas: problemas genéticos, exposición a químicos, falta de vitaminas y nutrientes adecuados en la alimentación, infecciones, medicamentos mal administrados, consumo de alcohol y edad prematura o avanzada en la madre.

Se ha descubierto que el ácido fólico, un nutriente que se encuentra en vegetales de hoja verde, nueces, frijoles, cítricos y cereales, puede disminuir el riesgo de que se presente esta condición; por ello, en la actualidad se recomienda que las mujeres ingieran este nutriente en cápsulas durante su etapa reproductiva.

Existen diversos tipos de espina bífida, entre los que se pueden mencionar los siguientes:

- ❀ Espina bífida oculta. En estos casos la médula espinal y las estructuras circundantes permanecen dentro del cuerpo del bebé, pero los huesos de la región lumbar no se forman adecuadamente.

- ❀ Meningocele. Se observa un saco con líquido en la columna del bebé que no contiene la médula espinal o los tejidos nerviosos.

- ❀ Mielomeningocele. En esta condición, la médula espinal y los tejidos nerviosos se desarrollan por fuera del cuerpo y se encuentran dentro de un saco con líquido que puede observarse en la parte externa de la columna.

Los síntomas en estos tres casos son un aspecto anormal de la espalda del bebé que puede variar desde un pequeño hundimiento, hasta una protuberancia en forma de saco ubicada a lo largo de la columna.

También pueden presentarse en los niños con espina bífida problemas intestinales, como el estreñimiento y la incontinencia, alergias, pérdida de la sensibilidad y parálisis en diversas partes del cuerpo. En ocasiones se asocia también esta condición con problemas cardiacos, óseos, hidrocefalia y discapacidad intelectual.

El diagnóstico se puede establecer desde el embarazo por medio de estudios como ultrasonido, amniocentesis y análisis de sangre, y cuando es posible se recomienda practicar una cirugía prenatal, como tratamiento, para cerrar y reparar la lesión. En otros casos, se practica esta operación hasta que nace el bebé con el fin de mejorar la condición del niño y evitar posibles infecciones.

El tratamiento para los niños con espina bífida puede ser también por medio de medicamentos, terapias de rehabilitación, soportes posturales, aparatos ortopédicos y uso de férulas que brinden sostén y protección.

Los niños con esta condición deberán ser atendidos en forma constante para disminuir sus dificultades y aumentar sus capacidades en la vida cotidiana y en su comunidad. El apoyo, la contención y la estimulación les ayudarán a mejorar su calidad de vida y a adquirir cierta independencia de acuerdo con el grado de la lesión.

Será importante integrar a los niños con espina bífida, en la medida de lo posible, a su medio para que realicen las actividades que les interesen y les ayuden a crecer.

Aun cuando algunos de estos casos suelen ser complicados y los niños con espina bífida requieren recibir mucho cuidado y atención, siempre será posible encontrar nuevas alternativas para comunicarse y para acercarse a descubrir sus necesidades e intereses.

DISTROFIA MUSCULAR

La distrofia muscular es una alteración de origen genético que afecta paulatinamente el tejido muscular debido a la insuficiencia de ciertas proteínas, ocasionando debilidad y pérdida de las funciones locomotoras en los niños que la presentan.

Esta condición, que aparece entre los dos y los seis años de edad, es más frecuente en los niños que en las niñas. Sin embargo, conviene considerar que las mujeres pueden ser portadoras para futuras generaciones aunque no presenten los síntomas de la distrofia.

Dichos síntomas se manifiestan de manera variable y en distintos grados, dependiendo del tipo de alteración de que se trate. La distrofia muscular más frecuente es la conocida como Distrofia Muscular de Duchenne, la cual toma su nombre del neurólogo francés Guillaume Duchenne, quien durante el siglo XIX presentó un relato completo de los casos de trece niños que mostraban los síntomas de esta condición.

Los principales síntomas de este tipo de distrofia son debilidad generalizada y degeneración muscular, que afecta primero a los músculos de las piernas y se extiende poco a poco hacia el tronco ocasionando dificultades de funcionamiento en los brazos, así como en el aparato respiratorio y en el corazón. La distribución de los músculos afectados y la gravedad de esta condición serán variables en cada caso.

Otros síntomas de la distrofia muscular son debilidad y pérdida de tejido muscular en diversas regiones del cuerpo, falta de control en los músculos que ocasiona movimientos involuntarios, columna vertebral curvada, así como calambres, contracturas y daño en las articulaciones.

Dicha condición es difícil de asimilar por la familia y por el niño, debido a que en estos casos el desarrollo motriz es normal hasta que durante la edad preescolar inician los primeros síntomas y se manifiesta un retroceso en las funciones que ya se habían adquirido.

Los músculos están compuestos por miles de fibras musculares que componen el tejido conjuntivo. La membrana de la fibra muscular contiene un grupo de proteínas, llamadas *distrofina-glucoproteína*, que evitan que se dañen las fibras musculares cada vez que éstas se contraen y relajan por el movimiento. Cuando esta membrana protectora se daña, las fibras musculares comienzan a perder la proteína que se requiere para producir la energía que ocasiona las contracciones musculares, lo cual lleva a la degeneración muscular progresiva.

Los médicos especializados en neurología infantil serán los responsables de establecer el diagnóstico con base en la observación clínica, los antecedentes familiares y los resultados obtenidos por medio de exámenes clínicos y neurofisiológicos. La finalidad es encontrar alternativas para mejorar la calidad de vida del paciente y preparar a la familia para afrontar la situación.

En la actualidad, no existe un tratamiento efectivo para la distrofia muscular y sólo es posible controlar algunos de los síntomas mediante la administración de medicamentos que retarden la degeneración muscular, cambios nutricionales y cirugías de los miembros afectados.

Se ha observado que la fisioterapia mantiene al niño en mejores condiciones físicas. En algunos casos será necesario utilizar aparatos ortopédicos como abrazaderas y sillas de ruedas para mantener su movilidad e independencia. Será muy importante promover y apoyar con los medios necesarios a los niños con esta condición, para que se mantengan activos y continúen evolucionando en los aspectos intelectual y social hasta donde sea posible. Esta actitud contribuirá a posponer el avance de la distrofia muscular.

Asimismo, se requerirá apoyo psicológico para poder expresar la ansiedad y la depresión que se presenta en los niños con esta condición y sus familias, al tener que afrontar esta alteración crónica degenerativa.

El pronóstico de la distrofia muscular varía en cada caso, según el tipo de alteración que se presente, la velocidad de la evolución y el estado de salud general del niño. Algunos tipos son leves y evolucionan muy lentamente, mientras que otros son más graves y causan discapacidad funcional y pérdida del movimiento.

Cuando el niño llega a mostrar serias dificultades para transportarse, podrá ser útil que reciba una terapia ocupacional que le permita continuar realizando actividades.

En la medida en que avance la distrofia muscular, será indispensable ofrecer al pequeño con esta condición, apoyo respiratorio con ventilación asistida para mejorar el funcionamiento pulmonar y la oxigenación, así como supervisar con frecuencia el funcionamiento cardiaco con el fin de evitar complicaciones.

OSTEOGÉNESIS IMPERFECTA

La osteogénesis imperfecta, también conocida como enfermedad de los huesos de cristal, es un desorden de origen genético que afecta la formación de los huesos por falta de colágeno desde antes del nacimiento.

Los huesos de los pequeños que presentan esta alteración son muy frágiles y quebradizos, por lo que se pueden fracturar con mucha facilidad al realizar actividades cotidianas o sin razón aparente. Por ejemplo, estos bebés pueden fracturarse cuando se les cambia el pañal, cuando se mueven en su cama o se caen al caminar o jugar.

Los niños con esta condición tienen menos colágeno de lo normal, lo que ocasiona una fragilidad excesiva en los huesos. En estos casos, el colágeno se almacena en el hígado causando diversas alteraciones.

La osteogénesis imperfecta se puede detectar durante el embarazo mediante un estudio radiológico o de ultrasonido. La mayoría de los casos son hereditarios y en otros, se desconocen las causas por las que ocurre. Se ha observado que una persona con osteogénesis imperfecta tiene un alto porcentaje de probabilidades de transmitir esta condición a sus hijos.

En la década de 1980, esta alteración genética fue clasificada en Australia por el doctor David Sillence, quien la dividió en los siguientes cuatro tipos:

※ Tipo I. Es la forma leve que se caracteriza por la presencia ocasional de fracturas antes de la pubertad. Los niños con este tipo de osteogénesis alcanzan una estatura normal y no presentan deformidad significativa en su cuerpo.

※ Tipo II. Es la forma más severa en la que surge esta condición, llegando a ocasionar fracturas intrauterinas debido a las cuales pueden producirse complicaciones pulmonares.

※ Tipo III. En este tipo de osteogénesis se presentan en los niños numerosas y frecuentes fracturas que pueden producir deformidades en los huesos del cuerpo y afectar el crecimiento.

※ Tipo IV. En estos casos se observan características parecidas a las que se manifiestan en el tipo III, pero en menor grado y frecuencia.

Algunos síntomas que muestran estos niños son: fragilidad y deformación de los huesos, esclerótica de los ojos color azulado, baja estatura, tórax pequeño, sordera progresiva, dientes quebradizos, curvatura de la columna vertebral, músculos débiles, pie plano, piernas en arco, estreñimiento, sudoración excesiva, problemas respiratorios, formación frecuente de moretones y rasgos faciales característicos de esta condición.

En la actualidad, cada vez se cuenta con mayor información relacionada con la osteogénesis imperfecta. Sin embargo, todavía los médicos suelen no estar familiarizados con los síntomas, lo que ocasiona dificultades importantes para atender a estos niños en forma adecuada.

La osteogénesis imperfecta se presenta en diversos grados que varían de leves a severos y se manifiesta de manera diferente en cada niño, por lo que será necesario conocer las particularidaes de cada caso para ofrecer las alternativas adecuadas que permitan mejorar su calidad de vida.

Para establecer un diagnóstico preciso, será necesario acudir con médicos especialistas en ortopedia y genética quienes, con base en la observación clínica, y estudios específicos radiológicos y de niveles de colágeno, podrán determinar la presencia de esta condición, el tipo del que se trata, el estado de salud particular del niño y el tratamiento a seguir.

Es imprescindible llevar un registro de las fechas en que se practicaron estudios radiográficos al niño, ya que la exposición frecuente a los rayos X puede también dañar los huesos.

Hasta el momento no existe un tratamiento efectivo para incrementar la producción de colágeno en las células óseas; sin embargo, se ha encontrado que la fisioterapia, la nutrición adecuada, la ingesta de ciertas vitaminas, el correcto tratamiento de las fracturas, algunos procedimientos médicos y quirúrgicos en los huesos largos, así como el trasplante de médula ósea, pueden disminuir los daños que ocasiona esta enfermedad.

En los últimos años, se han llevado a cabo en todo el mundo experimentos para mejorar la condición de los niños con osteogénesis imperfecta y los resultados parecen ser muy prometedores. Se recomienda ponerse en contacto con la Asociación "Angelitos de Cristal, I.A.P.", para obtener información completa y reciente sobre este tema.

ESCLEROSIS MÚLTIPLE

La esclerosis múltiple es una alteración que afecta el sistema nervioso central, cuando la mielina, que es la sustancia que protege las fibras nerviosas y se encarga de facilitar la conducción de los impulsos eléctricos, se dispersa en diversas áreas dejando cicatrices conocidas como esclerosis o placas de desmielinización.

Se desconoce la causa exacta de esta condición, pero algunos especialistas consideran que se debe a una respuesta autoinmune del organismo, que reacciona atacando el tejido y la mielina como lo haría con los virus y las bacterias.

Dentro de los factores que pueden generar la esclerosis múltiple se encuentran el clima, la dieta, la exposición a toxinas, la luz solar y las enfermedades infecciosas.

No se ha encontrado evidencia de que la esclerosis múltiple sea una condición hereditaria y se ha observado que se presenta con más frecuencia en las niñas que en los niños, así como que incide más en la raza caucásica que en cualquier otra.

La esclerosis múltiple puede presentar diversas formas de evolución ocasionando en algunos casos discapacidad permanente y en otros, secuelas leves.

Los síntomas que muestran los niños con esclerosis múltiple son hormigueo en el cuerpo, debilidad, dificultades de coordinación motriz, alteraciones visuales, rigidez muscular, trastornos del habla, andar inestable, fatiga, problemas de equilibrio, temblor, dificultades intestinales o urinarias, sensibilidad al calor, problemas de memoria, trastornos cognitivos y emocionales, entre otros. Estos síntomas son difíciles de identificar, ocasionan dificultades de movimiento en los niños y varían en cada caso, dependiendo del grado de la lesión y del lugar donde se localice.

Cuando se detecten algunos de estos síntomas hay que llevar al niño con un médico neuropediatra, quien establecerá un diagnóstico con base en el historial médico, exámenes de laboratorio y estudios neurológicos, sensoriales y motores para recomendar el tratamiento indicado.

Estos tratamientos consisten en la administración temprana de medicamentos que ayudarán a disminuir los problemas neurológicos, a frenar los síntomas y en ciertos casos, a generar la recuperación de las lesiones provocadas por falta de mielina. Algunos médicos recomiendan no dar tratamiento cuando los síntomas son leves y los ataques no son frecuentes para prevenir daños secundarios. La fisioterapia resulta conveniente en estos casos para evitar posibles complicaciones y mejorar la condición general del niño.

También es recomendable acudir con un psicólogo que pueda apoyar a la familia, tratar los estados depresivos y la ansiedad del pequeño que presenta esta condición, así como promover que se realicen actividades para mejorar su desarrollo cognitivo y social.

HIDROCEFALIA

La palabra hidrocefalia significa agua en el cerebro. Esta alteración se debe a una obstrucción de las vías por las cuales circula el líquido cefalorraquídeo, lo que ocasiona una acumulación del líquido dentro del cráneo y la inflamación del cerebro que puede producir daño en los tejidos cerebrales.

Las causas de la hidrocefalia pueden ser infecciones cerebrales como la meningitis y la encefalitis, tumores, lesiones durante o después del parto, hemorragias cerebrales y defectos congénitos como el mielomeningocele. Dependiendo de la causa por la que se presente esta condición, se manifes-

tarán diversos grados de secuelas en el cerebro, que
llevarán a considerar diferentes pronósticos en la
condición de vida de los pequeños.

En los recién nacidos la hidrocefalia se detecta
cuando la cabeza crece desproporcionadamente, la
mollera se abulta, hay vómitos frecuentes, llanto
breve, dificultad para la alimentación, crecimiento lento, somnolencia, irritabilidad, movimientos confusos y
espasmos musculares.

Los niños mayores con hidrocefalia pueden manifestar dolor de cabeza, cambios en la apariencia facial, movimientos
oculares incontrolables, confusión, náuseas, visión doble, de-
caimiento, pérdida de coordinación y trastornos para caminar.

En el caso de que se observen algunos de estos síntomas,
será indispensable llevar al niño lo más pronto posible con un
médico neuropediatra, quien establecerá el diagnóstico mediante la observación clínica, así como estudios radiográficos
y ecográficos del cerebro.

El tratamiento consiste en encontrar la manera de mejorar la circulación del líquido cefalorraquídeo, para lo cual en
algunos casos se podrá eliminar la obstrucción quirúrgica-
mente; en otros, se colocará una válvula de derivación de este
líquido, la cual es un sistema de drenaje que tiene como fin
llevar el exceso de agua que se encuentra en el cráneo a otra
zona del cuerpo donde pueda ser reabsorbida. Con frecuencia esta válvula se dirige al abdomen y al corazón.

El niño que utiliza esta válvula deberá ser objeto de algunos cuidados para que ésta funcione adecuadamente: será
necesario vigilar que no surjan infecciones, inflamaciones y
otros signos que puedan indicar que la válvula no funciona
bien. También será importante evitar tocar y presionar la zona donde se encuentra la válvula, así como
consultar con frecuencia a un médico que supervi-
se el tratamiento.

Los pequeños con esta condición podrán participar, con ciertas precauciones,

en las mismas actividades que realizan los niños de su edad, como son ir a la escuela y practicar deportes o actividades artísticas. Sin embargo, en los casos en que se presenta una lesión cerebral importante, ocasionada por la acumulación excesiva del líquido cefalorraquídeo, se manifestarán alteraciones que pueden generar diversos tipos de discapacidad permanente.

SÍNDROME DE ANGELMAN

El síndrome de Angelman es una alteración de origen genético, ocasionada por un desorden neurológico que afecta el aprendizaje, la conducta, el desarrollo y la apariencia facial.

Este síndrome toma su nombre del médico pediatra Harry Angelman quien, en 1965, describió esta condición que observó en varios niños que mostraban ciertas características y descubrió también que esta alteración es más común en la raza caucásica que en cualquier otra.

Algunas de las características que pueden manifestar los niños con síndrome de Angelman son trastornos alimenticios, demora para sentarse, rigidez al andar, ausencia de habla, poca capacidad de atención e hiperactividad, falta de aprendizaje, epilepsia, temblores suaves, aleteos de los brazos, movimientos involuntarios, afectividad espontánea, risas frecuentes,z deficiencia del sueño, curvatura en la columna vertebral, estrabismo y tamaño de la cabeza menor o mayor de lo habitual. Los rasgos faciales que pueden indicar la presencia de esta condición en los niños son boca sonriente, barbilla prominente, labio superior fino, ojos hundidos y tendencia a mantener la lengua entre los labios.

El grado en que se manifiestan los síntomas en los niños con este síndrome será variable en cada caso y para establecer el diagnóstico se

requerirá consultar a un médico genetista quien, con base en la observación clínica, el historial de desarrollo motor y estudios neurológicos y genéticos, determinará la condición particular y el tratamiento que se recomienda seguir.

El tratamiento para atender a estos niños consiste en terapias físicas, de lenguaje, de aprendizaje y ocupacionales y en caso necesario, se administrarán medicamentos para controlar las convulsiones. Se recomienda brindarles las mismas oportunidades que reciben los menores de su edad para mejorar su pronóstico y calidad de vida.

En ocasiones es difícil establecer una comunicación con los niños que presentan este síndrome. Sin embargo, como se ha observado que comprenden más de lo que expresan, con una adecuada disposición de la familia y los maestros se logrará mejorar esta habilidad fundamental para formar vínculos significativos.

Síndrome de Tourette

El síndrome de Tourette es una alteración neurológica que se caracteriza por la presencia de movimientos involuntarios repetidos y sonidos incontrolables que son conocidos como tics. Esta condición suele comenzar durante la infancia y se observa que los síntomas y la intensidad de éstos varían mucho de una persona a otra.

La causa de este síndrome es desconocida, aunque algunas investigaciones sugieren que en estos casos existe una anormalidad en los genes que afecta el metabolismo de algunos neurotransmisores. La condición se presenta con más frecuencia en los niños que en las niñas.

Las características de los niños con síndrome de Tourette son parpadeo excesivo, movimientos involuntarios de la cabeza, del cuello y los pies, pensamientos repetitivos, así como emisión constante de sonidos, palabras o frases ininteligibles. También pueden presentarse conductas autoagresivas como morderse los labios con frecuencia y golpearse la cabeza. En ocasiones experimentan dificultades para mantener la atención, problemas de aprendizaje, alteraciones del sueño y falta del control de impulsos.

Los tics que se presentan con el síndrome de Tourette se pueden clasificar en dos tipos: simples y complejos. En el primer caso, intervienen pocos músculos ocasionando movimientos leves; en el segundo, intervienen diferentes grupos musculares que pueden llegar a ocasionar una discapacidad para realizar las actividades cotidianas, así como alterar la interacción con los demás. Dichos tics aumentan o disminuyen de intensidad, empeorando en circunstancias de estrés y ansiedad y mejorando con la relajación.

Para establecer el diagnóstico de este síndrome, será necesario llevar al niño con un especialista en neuropediatría quien, con base en la historia clínica, el tiempo de presencia de los síntomas y algunos estudios neurológicos, determinará la condición que se presenta y el tratamiento a seguir. Si bien esta condición por lo general disminuye en la vida adulta, los niños con estos síntomas experimentan malestares que deben atenderse.

En los casos en los que los síntomas son muy intensos, el médico podrá recomendar la administración de medicamentos durante un tiempo para mejorar la calidad de vida del niño. En la vida cotidiana, se sugiere que el pequeño lleve una vida tranquila, procurando que duerma el tiempo suficiente y que coma en horarios establecidos para evitar que se altere su sistema nervioso.

Fenilcetonuria (síndrome de Folling)

La fenilcetonuria es una alteración del metabolismo, que ocasiona dificultades en el hígado del bebé para procesar una sustancia conocida como fenilalanina, la cual, cuando no es eliminada adecuadamente por el organismo, ocasiona un daño cerebral irreversible.

Esta condición se manifiesta en un principio por la presencia de sustancias nocivas que alteran el olor de la orina y el sudor del bebé, y alrededor de los seis meses de vida se hace evidente un retraso generalizado en el desarrollo del niño.

La causa del síndrome de Folling es genética y toma su nombre del médico noruego Ivar Asbjorn Folling, quien en 1934 descubrió los síntomas característicos de esta condición en niños con discapacidad motriz e intelectual.

Los principales síntomas de la fenilcetonuria son alteración en el ritmo del desarrollo, discapacidad intelectual, tamaño pequeño de la cabeza, hiperactividad, movimientos involuntarios de brazos y piernas, convulsiones, erupciones de la piel y temblores.

Otra característica distintiva en estos casos es la presencia de piel, cabello y ojos más claros en los niños con fenilcetonuria, en comparación con los miembros de su familia, ocasionada por la deficiencia en la producción de melanina, que es la sustancia que da pigmento al organismo.

Es fundamental detectar la fenilcetonuria durante los primeros días de vida, ya que el tratamiento oportuno de esta alteración determinará el pronóstico del niño. Este diagnóstico lo establecerá un médico pediatra a través de una prueba conocida como tamiz metabólico, la cual consiste en extraer sangre del talón del bebé, poco después de su nacimiento. En caso de que se sospeche la existencia de esta alteración, será necesario realizar más estudios para establecer el tratamiento indicado.

El tratamiento del síndrome de Folling consiste en la ingesta de una dieta estricta y extremadamente baja en fenilalanina, la cual tiene el fin de evitar la acumulación de esta sustancia en el cuerpo. De esta manera, se ha observado que disminuyen ampliamente las posibilidades de que se ocasione un daño cerebral en el niño.

La fenilalanina se encuentra en cantidades significativas en alimentos como la leche, los huevos, la carne de pollo, cereales, harinas, arroz, edulcorantes artificiales, refrescos y otros alimentos. Por consiguiente, será indispensable que un médico pediatra, junto con un nutriólogo especializado, elaboren una dieta basada en alimentos libres de esta sustancia y la complementen con suplementos especiales que permitirán que el niño con esta condición se desarrolle de manera adecuada.

DISCAPACIDAD MENTAL

La discapacidad mental se refiere a las alteraciones en la conducta, la adaptación social y el estado emocional del niño. Si bien este término suele confundirse con la discapacidad intelectual, la diferencia reside en que la discapacidad mental altera el pensamiento, la percepción, los afectos, el cuidado de sí mismo y la conciencia; en tanto que la discapacidad intelectual se relaciona con un desarrollo lento y desfasado en los niños, así como con problemas en el aprendizaje.

Los niños con discapacidad mental manifiestan dificultades para establecer contacto con la realidad y tienen delirios y alucinaciones. Los delirios son ideas y pensamientos creados en su mente con fundamentos lógicos inadecuados, difíciles de demostrar en la realidad e inapropiados en el contexto social del niño; por su parte, las alucinaciones son distorsiones perceptuales que pueden ocurrir en cualquier sentido (visual, auditivo, táctil, gustativo u olfativo) y producen imágenes, sonidos o sensaciones que no existen en la realidad.

Las causas de esta condición pueden ser de origen genético, alteraciones metabólicas, lesiones cerebrales, problemas para establecer una relación significativa con los padres e ingesta de sustancias químicas nocivas para la salud.

Algunas conductas que adoptan los niños con discapacidad mental son aislamiento, gestos poco habituales, interés excesivo en los propios movimientos, dificultades en el lenguaje, sensibilidad alterada, trastornos del sueño, desórdenes de la alimentación y dificultades en el control de esfínteres.

Cuando un niño presenta una discapacidad mental será necesario que lo valore un psiquiatra infantil, quien determinará el tratamiento a seguir, ya que en algunos casos será necesario administrar medicamentos para disminuir las alteraciones que manifieste.

También será indicado el tratamiento psicológico para ayudar al pequeño a expresar sus conflictos mediante el juego y la interacción con el terapeuta. Los padres deberán participar en este proceso de manera activa para comprender lo que le ocurre a su hijo, apoyarlo para que se adapte a su entorno y facilitar sus relaciones afectivas.

Para concluir, en fechas recientes los descubrimientos científicos han permitido identificar un mayor número de síndromes que ocasionan discapacidad en los niños, debido a múltiples causas. entre las que destacan los cambios en la alimentación y en el ambiente. Por tanto, es importante investigar junto con el pediatra, el neurólogo, el genetista y los terapeutas, cuáles son las manifestaciones y las características particulares de estos factores en cada niño, para conocer en qué consisten y cuáles son las alternativas para su atención oportuna y adecuada.

Esta obra se terminó de imprimir
en noviembre de 2014, en los Talleres de

IREMA, S.A. de C.V.
Oculistas No. 43, Col. Sifón
09400, Iztapalapa, D.F.